LE
COLLIER
DE LA REINE

PAR

ALEXANDRE DUMAS.

IV

PARIS
ALEXANDRE CADOT, ÉDITEUR,
32, RUE DE LA HARPE

1849

LE COLLIER DE LA REINE.

Ouvrages du Marquis de Foudras.

EN VENTE.

JACQUES DE BRANCION.
5 vol. in-8.

Les Gentilshommes chasseurs.	2 vol.
Les Viveurs d'autrefois.	4 vol.
Les Chevaliers du Lansquenet	10 vol.
Lord Algernon	4 vol.
Madame de Miremont	2 vol.
Lilia la Tyrolienne.	4 vol.
Tristan de Beauregard.	4 vol.
Suzanne d'Estouville.	4 vol.
La comtesse Alvinzi.	2 vol.

Sous presse.

Dames de cœur et Dames de pique.
Un Caprice de grande dame.
Le dernier des Roués.
Un Drame en famille.
Un Capitaine de Beauvoisis.
Les Veillées de la Saint Hubert.

Ouvrages de A. de Gondrecourt.

EN VENTE.

Les Péchés mignons	5 vol.
Médine.	2 vol.
La Marquise de Candeuil.	2 vol.
Un Ami diabolique	5 vol.
Les derniers Kerven.	2 vol.

Sous presse.

La Chasse aux diamants.
Le Bout de l'oreille.

Ouvrage d'Alexandre Dumas.

LA COMTESSE DE SALISBURY.
6 volumes in-8.

On vend séparément les derniers volumes pour compléter la première édition.

E. Dépée, imprimeur à Sceaux.

LE
COLLIER
DE LA REINE

PAR

ALEXANDRE DUMAS.

IV

PARIS
ALEXANDRE CADOT, ÉDITEUR,
32, RUE DE LA HARPE.

1849

I

Monsieur Beausire.

Oliva se jeta au devant d'un homme furieux qui, les deux mains étendues, le visage pâle, les habits en désordre, faisait invasion dans l'appartement en poussant de rauques imprécations.

— Beausire, voyons, Beausire, dit-elle

d'une voix qui n'était pas assez épouvan-
tée pour faire tort au courage de cette
femme.

— Lâchez-moi! cria le nouveau venu
en se débarrassant avec brutalité des
étreintes d'Oliva.

Et il se mit à continuer sur un ton pro-
gressif.

— Ah! c'est parce qu'il y avait ici un
homme qu'on ne m'ouvrait pas la porte!
Ah! ah!

L'inconnu, nous le savons, était de-
meuré sur le sofa dans une attitude
calme et immobile, que M. Beausire dut

prendre pour de l'indécision ou même de l'effroi.

Il arriva en face de l'homme avec des grincements de dents de mauvais augure.

— Je suppose que vous me répondrez, Monsieur? dit-il.

— Qu'est-ce que vous voulez que je vous dise, mon cher monsieur Beausire? répliqua l'inconnu.

— Que faites-vous ici? et d'abord qui êtes-vous?

— Je suis un homme très tranquille

à qui vous faites des yeux effrayants, et puis je causais avec madame en tout bien tout honneur.

— Mais oui, certainement, murmura Oliva, en tout bien tout honneur.

— Tâchez de vous taire, vous, vociféra Beausire.

— Là, là! dit l'inconnu, ne rudoyez pas ainsi madame qui est parfaitement innocente; et si vous avez de la mauvaise humeur...

— Oui, j'en ai.

— Il aura perdu au jeu, dit à demi-voix Oliva.

— Je suis dépouillé, mort de tous les diables! hurla Beausire.

— Et vous ne seriez pas fâché de dépouiller un peu quelqu'un, dit en souriant l'inconnu; cela se conçoit, cher monsieur Beausire.

— Trêve de mauvaises plaisanteries, vous! Et faites-moi le plaisir de déguerpir d'ici.

— Oh! Monsieur Beausire, de l'indulgence!

— Mort de tous les diables de l'enfer! levez-vous et partez, ou je brise le sofa et tout ce qu'il y a dessus.

— Vous ne m'aviez pas dit Mademoiselle, que M. Beausire avait de ces lunes rousses. Tudieu! quelle férocité!

Beausire, exaspéré, fit un grand mouvement de comédie, et pour tirer l'épée décrivit avec ses bras et la lame un cercle d'au moins dix pieds de circonférence.

— Encore un coup, dit-il, levez-vous, ou sinon je vous cloue sur le dossier.

— En vérité, on n'est pas plus désagréable, répondit l'inconnu en faisant doucement, et de sa seule main gauche sortir du fourreau la petite épée qu' avait mise en verrou, derrière lui, sur le sofa.

Oliva poussa des cris perçants.

— Ah! Mademoiselle, Mademoiselle, taisez-vous, dit l'homme tranquille qui avait enfin l'épée au poing sans s'être levé de son siége; taisez-vous, car il arrivera deux choses : la première, c'est que vous étourdirez M. Beausire et qu'il se fera embrocher ; la seconde, c'est que le guet montera, vous frappera et vous mènera droit à Saint-Lazare.

Oliva remplaça les cris par une pantomime des plus expressives.

Ce spectacle était curieux. D'un côté, M. Beausire débraillé, aviné, tremblant de rage, bourrait des coups droits sans portée, sans tactique, à un adversaire impénétrable.

De l'autre, un homme assis sur le sofa, une main le long du genou, l'autre armée, parant avec agilité, sans secousses, et riant de façon à épouvanter Saint-Georges lui-même.

L'épée de Beausire n'avait pu un seul instant garder la ligne, ballotée qu'elle était toujours par les parades de l'adversaire.

Beausire commençait à se fatiguer, à

souffler, mais la colère avait fait place à une terreur involontaire; il réfléchissait que si cette épée complaisante voulait s'allonger, se détendre dans un dégagement, c'en était fait de lui, Beausire. L'incertitude le prit, il rompit, et ne donna plus que sur le faible de l'épée de l'adversaire. Celui-ci le prit vigoureusement en tierce, lui enleva l'épée de la main, et la fit voler comme une plume.

L'épée fila par la chambre, traversa une vitre de la fenêtre, et disparut au-dehors.

Beausire ne savait plus quelle contenance garder.

— Eh! Monsieur Beausire, dit l'inconnu, prenez donc garde, si votre épée tombe par la pointe, et qu'il passe quelqu'un dessous, voilà un homme mort!

Beausire, rappelé à lui, courut à la porte et se précipita par les montées pour rattraper son arme et prévenir un malheur qui l'eût brouillé avec la police.

Pendant ce temps, Oliva saisit la main du vainqueur et lui dit :

— Oh! Monsieur, vous êtes très brave; mais M. Beausire est traître, et puis vous me compromettez en restant; lorsque vous serez parti, certainement il me battra.

— Je reste alors.

— Non, non, par grâce; quand il me bat, je le bats aussi, et je suis toujours la plus forte; mais c'est parce que je n'ai rien à ménager. Retirez-vous, je vous prie.

— Faites-donc bien attention à une chose, ma toute belle; c'est que si je pars, je le trouverai en bas ou me guettant dans l'escalier; on se rebattra; sur un escalier on ne pare pas toujours double contre de quarte, double contre de tierce et demi-cercle, comme sur un canapé.

— Alors ?

— Alors je tuerai maître Beausire ou il me tuera.

— Grand Dieu, c'est vrai ; nous aurions un bel esclandre dans la maison.

— C'est à éviter ; donc, je reste.

— Pour l'amour du ciel sortez, vous monterez à l'étage supérieur jusqu'à ce qu'il soit rentré. Lui, croyant vous retrouver ici, ne cherchera nulle part. Une fois qu'il aura mis le pied dans l'appartement, vous m'entendrez fermer la porte à doble tour. C'est moi qui aurai emprisonné mon homme et mis la clé dans ma poche. Prenez alors votre retraite pendant que je me battrai courageusement pour occuper le temps.

— Vous êtes une charmante fille, au revoir.

— Au revoir! quand cela?

— Cette nuit, s'il vous plaît.

— Comment, cette nuit! Êtes-vous fou?

— Pardi, oui, cette nuit. Est-ce qu'il n'y a pas bal à l'Opéra, ce soir ?

— Songez donc qu'il est déjà minuit.

— Je le sais bien, mais que m'importe.

— Il faut des dominos.

— Beausire en ira chercher, si vous avez su le battre.

— Vous avez raison, dit Oliva en riant.

— Et voilà dix louis pour les costumes, dit l'inconnu en riant aussi.

— Adieu! adieu! Merci!

Et elle le poussa vers le palier.

— Bon! il referme la porte d'en bas, dit l'inconnu.

— Ce n'est qu'un pène et un verrou à l'intérieur. Adieu! Il monte.

— Mais si par hasard vous étiez battue, vous, comment me le ferez-vous dire?

Elle réfléchit.

— Vous devez avoir des valets? dit-elle.

— Oui, j'en mettrai un sous vos fenêtres.

— Très bien, et il regardera en l'air jusqu'à ce qu'il lui tombe un petit billet sur le nez.

— Soit. Adieu.

L'inconnu monta aux étages supérieurs. Rien n'était plus facile, l'escalier était sombre, et Oliva, en interpellant à haute voix Beausire, couvrait le bruit des pas de son nouveau complice.

— Arriverez-vous, enragé, criait-elle à Beausire, qui ne remontait pas sans faire de sérieuses réflexions sur la supériorité morale et physique de cet intrus, si insolemment emménagé dans le domicile d'autrui.

Il parvint cependant à l'étage où l'attendait Oliva. Il avait l'épée au fourreau, il ruminait un discours.

Oliva le prit par les épaules, le poussa dans l'antichambre et referma la porte à double tour comme elle l'avait promis.

L'inconnu en se retirant put entendre le commencement d'une lutte dans laquelle brillaient par leur son éclatant comme les cuivres dans l'orchestre, ces sortes de horions qui s'appellent vulgairement et par onomatopée des claques.

Aux claques se mêlaient des cris et des reproches. La voix de Beausire tonnait, celle d'Oliva étonnait. Qu'on nous passe ce mauvais jeu de mots, car il rend au complet notre idée.

— En effet, disait l'inconnu en s'éloignant, on n'eût jamais pu croire que cette femme si stupéfiée tout à l'heure par l'arrivée du maître, possédât une pareille faculté de résistance.

L'inconnu ne perdit pas de temps à suivre la fin de la scène.

— Il y a trop de chaleur au début, dit-il, pour que le dénoûment soit éloigné.

Il tourna l'angle de la petite rue d'Anjou-Dauphine, dans laquelle il trouva son carrosse qui l'attendait, et qui s'était remisé à reculons dans cette ruelle.

Il dit un mot à un de ses gens, qui se détacha, vint prendre positon en face des fenêtres d'Oliva et se blottit dans l'ombre épaisse d'une petite arcade surplombant l'allée d'une maison antique.

Ainsi placé, l'homme qui voyait les

fenêtres éclairées put juger par la mobilité des silhouettes de tout ce qui se passait dans l'intérieur.

Ces images, d'abord très agitées, finirent par se calmer un peu. Enfin, il n'en resta plus qu'une.

II

L'Or.

Voici ce qui s'était passé derrière ces rideaux :

D'abord Beausire avait été surpris de voir fermer cette porte au verrou.

Ensuite surpris d'entendre crier si haut mademoiselle Oliva.

Enfin plus supris encore d'entrer dans la chambre et de n'y plus trouver son farouche rival.

Perquisitions, menaces, appel, puisque l'homme se cachait, c'est qu'il avait peur ; s'il avait peur, c'est que Beausire triomphait.

Oliva le força de cesser ses recherches et de répondre à ses interrogations.

Beausire, un peu rudoyé, prit le haut ton à son tour.

Oliva, qui savait ne plus être coupable, puisque le corps du délit avait disparu, *Quia corpus delicti aberat*, comme dit le texte; Oliva cria si haut que, pour le faire taire, Beausire lui appliqua la main sur la bouche, ou voulut la lui appliquer.

Mais il se trompa; Oliva comprit autrement le geste tout persuasif et conciliateur de Beausire. A cette main rapide qui se dirigeait vers son visage, elle opposa une main aussi adroite, aussi légère que l'était naguère l'épée de l'inconnu.

Cette main para quarte et tierce subitement et se porta en avant, à fond, et frappa sur la joue de Beausire.

Beausire riposta par une flanconnade

de la main droite un coup qui abattit les deux mains d'Oliva, et lui fit rougir la joue gauche avec un bruit scandaleux.

C'était le passage de la conversation qu'avait saisi l'inconnu au moment de son départ.

Une explication commencée de la sorte amène vite, disons-nous, un dénoûment; toutefois, un dénoûment, si bon qu'il soit à présenter, a besoin, pour être dramatique, d'une foule de préparations.

Oliva répondit au soufflet de Beausire par un projectile lourd et dangereux :

une cruche de faïence; Beausire riposta au projectile par le moulinet d'une canne, qui brisa plusieurs tasses, écorna une bougie et finit par rencontrer l'épaule de la jeune femme.

Celle-ci, furieuse, bondit sur Beausire et l'étreignit au gosier. Force fut au malheureux de saisir ce qu'il put trouver de la menaçante Oliva.

Il déchira une robe. Oliva, sensible à cet affront et à cette perte, lâcha prise et envoya Beausire rouler au milieu de la chambre. Il se releva écumant.

Mais comme la valeur d'un ennemi se

mesure sur la défense, et que la défense se fait toujours respecter, même du vainqueur, Beausire qui avait conçu beaucoup de respect pour Oliva, reprit la conversation verbale où il l'avait laissée.

— Vous êtes, dit-il, une méchante créature; vous me ruinez.

— C'est vous qui me ruinez, dit Oliva.

— Oh! je la ruine. Elle n'a rien.

— Dites que je n'ai plus rien. Dites que vous avez vendu et mangé, bu ou joué tout ce que j'avais.

— Et vous osez me reprocher ma pauvreté.

— Pourquoi êtes-vous pauvre? C'est un vice.

— Je vous corrigerai de tous les vôtres d'un seul coup.

— En me battant?

Et Oliva brandit une pincette fort lourde dont l'aspect fit reculer Beausire.

Il ne vous manquait plus, dit-il, que de prendre des amants.

— Et vous, comment appelez-vous

toutes ces misérables qui s'asseyent à vos côtés dans les tripots où vous passez vos jours et vos nuits?

— Je joue pour vivre.

— Et vous y réussissez joliment; nous mourons de faim ; charmante industrie, ma foi.

— Et vous, avec la vôtre, vous êtes forcée de pleurer quand on vous déchire une robe, parce que vous n'avez pas le moyen d'en acheter une autre. Belle industrie, pardieu!

— Meilleure que la vôtre! s'écria Oliva furieuse, et en voici la preuve!

Et elle saisit dans sa poche une poignée d'or qu'elle jeta tout au travers de la chambre.

Les louis se mirent à rouler sur leurs disques et à trembler sur leurs faces, les uns se cachant sous les meubles, les autres continuant leurs évolutions sonores jusque sous les portes. Les autres enfin, s'arrêtaient à plat, fatigués, et faisant reluire leurs effigies comme des paillettes de feu.

Lorsque Beausire entendit cette pluie métallique tinter sur le bois des meubles et sur le carreau de la chambre, il fut saisi comme d'un vertige, nous devrions plutôt dire comme d'un remords.

— Des louis, des doubles louis, s'écria-t-il atterré.

Oliva tenait dans sa main une autre poignée de ce métal. Elle le lança dans le visage et les mains ouvertes de Beausire, qui en fut aveuglé.

— Oh ! oh ! fit-il encore. Est-elle riche, cette Oliva.

— Voilà ce que me rapporte mon industrie, répliqua cyniquement la créature en repoussant à la fois d'un grand coup de sa mule et l'or qui jonchait le plancher, et Beausire qui s'agenouillait pour ramasser l'or.

— Seize, dix-sept, dix-huit, disait Beausire pantelant de joie.

— Misérable, grommela Oliva.

— Dix-neuf, vingt-et-un, vingt-deux.

— Lâche.

— Vingt-trois, vingt-quatre, vingt-six.

— Infâme.

Soit qu'il eût entendu, soit qu'il eût rougi sans entendre, Beausire se releva.

— Ainsi, dit-il d'un ton si sérieux que

rien ne pouvait en égaler le comique, ainsi, Mademoiselle, vous faisiez des économies en me privant du nécessaire.

Oliva, confondue, ne trouva rien à répondre.

— Ainsi, continua le drôle, vous me laissez courir avec des bas fanés, avec un chapeau roux, avec des doublures sciées et éventrées, tandis que vous gardez des louis dans votre cassette. D'où viennent ces louis? de la vente que je fis de mes hardes en associant ma triste destinée à la vôtre.

— Coquin! murmura tout bas Oliva.

Et elle lui lança un regard plein de mépris. Il ne s'en effaroucha pas.

— Je vous pardonne, dit-il, non pas votre avarice, mais votre économie.

— Et vous vouliez me tuer tout à l'heure !

— J'avais raison tout à l'heure, j'aurais tort à présent.

— Pourquoi? s'il vous plaît.

— Parce qu'à présent, vous êtes une vraie ménagère, vous rapportez au ménage.

— Je vous dis que vous êtes un misérable.

— Ma petite Oliva.

— Et que vous allez me rendre cet or.

— Oh! ma chérie.

— Vous allez me le rendre, sinon je vous passe votre épée au travers du corps.

— Oliva!

— C'est oui ou non.

— C'est non, Oliva, je ne consentirai jamais que tu me traverses le corps.

— Ne remuez pas, où vous êtes traversé. L'argent.

— Donne-le-moi.

— Ah! lâche! ah! créature avilie! vous mendiez, vous sollicitez les bienfaits de ma mauvaise conduite! Ah! voilà ce qu'on appelle un homme; je vous ai toujours méprisés; tous méprisés, entendez-vous bien? plus encore celui qui donne que celui qui reçoit.

— Celui qui donne, repartit gravement Beausire, peut donner, il est heureux. Moi aussi, je vous ai donné, Nicole.

— Je ne veux pas qu'on m'appelle Nicole.

— Pardon, Oliva. Je disais donc que je vous avais donné lorsque je pouvais.

— Belles largesses, des boucles d'argent, six louis d'or, deux robes de soie, trois mouchoirs brodés.

— C'est beaucoup pour un soldat.

— Taisez-vous ; ces boucles, vous les aviez volées à quelqu'autre pour me les offrir ; ces louis d'or, on vous les avait prêtés, vous ne les avez jamais rendus ; les robes de soie...

— Oliva ! Oliva !

— Rendez-moi mon argent.

— Que veux-tu en retour !

— Le double.

— Eh bien ! soit, dit le coquin avec gravité. Je vais aller jouer rue de Bussy ; je te rapporte, non pas le double, mais le quintuple.

Il fit deux pas vers la porte. Elle le saisit par la basque de son habit trop mûr.

— Allons ! bien, fit-il, l'habit est déchiré.

— Tant mieux, vous en aurez un neuf.

— Six louis! Oliva, six louis. Heureusement que rue de Bussy, les banquiers et les pontes ne sont pas rigoureux sur l'article de la toilette.

Oliva saisit tranquillement l'autre basque de l'habit et l'arracha. Beausire devint furieux.

— Mort de tous les diables, s'écria-t-il, tu vas te faire tuer. Voilà-t-il pas que la drôlesse me déshabille. Je ne puis plus sortir d'ici, moi.

— Au contraire, vous allez sortir tout de suite.

— Ce serait curieux, sans habit.

— Vous mettrez la redingote d'hiver.

— Trouée, rapiécée !

— Vous ne la mettrez pas, si cela vous plaît mieux, mais vous sortirez.

— Jamais.

Oliva prit dans sa poche ce qui lui restait d'or, une quarantaine de louis, environ, et les fit sauter entre ses deux mains rassemblées.

Beausire faillit devenir fou ; il s'agenouilla encore une fois.

— Ordonne, dit-il, ordonne.

— Vous allez courir au Capucin-Magique, rue de Seine, on y vend des dominos pour le bal masqué.

— Eh bien ?

— Vous m'en achèterez un complet, masque et bas pareils.

— Bon.

— Pour vous, un noir ; pour moi, un blanc de satin ?

— Oui.

— Et je ne vous donne que vingt minutes pour cela.

— Nous allons au bal?

— Au bal.

— Et tu me conduis au boulevart souper.

— Certes ; mais à une condition ?

— Laquelle ?

— Si vous êtes obéissant.

— Oh ! toujours, toujours.

— Allons donc, montrez votre zèle.

— Je cours.

— Comment, vous n'êtes pas encore parti ?

— Mais la dépense...

— Vous avez vingt-cinq louis.

— Comment, j'ai vingt-cinq louis? Et où prenez-vous cela?

— Mais ceux que vous avez ramassés.

— Oliva, Oliva, ce n'est pas bien.

— Que voulez-vous dire?

— Oliva, vous me les aviez donnés.

— Je ne dis pas que vous ne les aurez pas; mais si je vous les donnais à présent, vous ne reviendriez pas. Allez donc, et revenez vite.

— Elle a pardieu raison, dit le coquin un peu confus. C'était mon intention de ne pas revenir.

— Vingt-cinq minutes, entendez-vous, cria-t-elle.

— J'obéis.

C'est à ce moment que le valet placé en embascade dans la niche située en face des fenêtres, vit un des deux interlocuteurs disparaître.

C'était M. Beausire, lequel sortit avec un habit sans basque, derrière lequel l'épée se balançait insolemment, tandis que la chemise boursoufflait sous la veste comme au temps de Louis XIII.

Tandis que le vaurien gagnait du côté de la rue de Seine, Oliva écrivit rapidement sur un papier ces mots, qui résumaient tout l'épisode :

« La paix est signée, le partage est fait, le bal adopté. A deux heures nous serons à l'Opéra. J'aurai un domino blanc, et sur l'épaule gauche un ruban de soie bleue. »

Oliva roula le papier autour d'un débris de la cruche de faïence, aventura la tête par la fenêtre et jeta le billet dans la rue.

Le valet fondit sur sa proie, la ramassa et s'enfuit.

Il est à peu près certain que M. Beausire ne resta pas plus de trente minutes à revenir, suivi de deux garçons tailleurs qui apportaient, au prix de dix-huit louis, deux dominos d'un goût exquis, comme on les faisait au Capucin-Magique, chez le bon faiseur, fournisseur de Sa Majesté la reine et des dames d'honneur.

III

La petite maison.

Nous avons laissé madame de La Mothe sur la porte de l'hôtel, suivant des yeux la voiture de la reine, qui disparaissait rapidement.

Quand sa forme cessa d'être visible, quand son roulement cessa d'être distinct, Jeanne remonta à son tour dans son remise et rentra chez elle pour prendre un domino et un autre masque, et pour voir en même temps si rien de nouveau ne s'était passé à son domicile.

Madame de La Mothe s'était promis pour cette bienheureuse nuit un rafraîchissement à toutes les émotions du jour. Elle avait résolu, une fois en femme forte qu'elle était, de faire le garçon, comme on dit vulgairement et expressivement, et de s'en aller en conséquence respirer toute seule les délices de l'imprévu.

Mais un contretemps l'attendait au premier pas qu'elle faisait dans cette route si séduisante pour les imaginations vives et longtemps contenues.

En effet, un grison l'attendait chez le concierge.

Ce grison appartenait à M. le prince de Rohan et était porteur de la part de son éminence d'un billet conçu en ces termes :

« Madame la comtesse,

« Vous n'avez pas oublié sans doute
« que nous avons des affaires à régler
« ensemble. Peut-être avez-vous la mé-

« moire brève ; moi je n'oublie jamais
« ce qui m'a plu.

« J'ai l'honneur de vous attendre là où
« le porteur vous conduira, si vous le
« voulez bien. »

La lettre était signée de la croix pastorale.

Madame de La Mothe, d'abord contrariée de ce contre-temps, réfléchit un instant et prit son parti avec cette rapidité de décision qui la caractérisait.

— Montez avec mon cocher, dit-elle au grison, ou donnez-lui l'adresse.

Le grison monta avec le cocher, madame de La Mothe dans la voiture.

Dix minutes suffirent pour mener la comtesse à l'entrée du faubourg Saint-Antoine, dans un renfoncement nouvellement aplani, où de grands arbres, vieux comme le faubourg lui-même cachaient à tous les yeux une de ces jolies maisons bâties sous Louis XV, avec le goût extérieur du seizième siècle et le comfort incomparable du dix-huitième.

— Oh! oh! une petite maison, murmura la comtesse : c'est bien naturel de la part d'un grand prince? mais bien humiliant pour une Valois. — Enfin!

Ce mot, dont la résignation a fait un soupir, ou l'impatience une exclamation, décelait tout ce qui sommeillait de dévorante ambition et de folle convoitise dans son esprit.

Mais elle n'eut pas plus tôt dépassé le seuil de l'hôtel que sa résolution était prise.

On la mena de chambre en chambre, c'est-à-dire de surprises en surprises, jusqu'à une petite salle à manger du goût le plus exquis.

Elle y trouva le cardinal seul et l'attendant.

Son éminence feuilletait des brochures qui ressemblaient fort à une collection de ces pamphlets qui pleuvaient par milliers à cette époque, quand le vent venait d'Angleterre ou de la Hollande.

A sa vue il se leva.

— Ah! vous voici, merci, madame la comtesse, dit-il.

Et il s'approcha pour lui baiser la main.

La comtesse recula d'un air dédaigneux et blessé.

— Quoi donc! fit le cardinal, et qu'avez-vous, Madame?

— Vous n'êtes pas accoutumé, n'est-ce pas, Monseigneur, à voir une pareille figure aux femmes à qui Votre Éminence fait l'honneur de les appeler ici.

— Oh! madame la comtesse.

— Nous sommes dans votre petite maison, n'est-ce pas, Monseigneur? dit la comtesse en jetant autour d'elle un regard dédaigneux.

— Mais, Madame.....

— J'espérais, Monseigneur, que Votre

Éminence daignerait se rappeler dans quelle condition je suis née. J'espérais que Votre Éminence daignerait se souvenir que si Dieu m'a fait pauvre, il m'a laissé au moins l'orgueil de mon rang.

— Allons, allons, comtesse, je vous avais prise pour une femme d'esprit, fit le cardinal.

— Vous appelez femme d'esprit, à ce qu'il paraît, Monseigneur, toute femme indifférente, qui rit à tout, même au déshonneur ; à ces femmes, j'en demande pardon à Votre Éminence, j'ai pris l'habitude, moi, de donner un autre nom.

— Non pas, comtesse, vous vous trompez : j'appelle femme d'esprit toute femme qui écoute quand on lui parle ou qui ne parle pas avant d'avoir écouté.

— J'écoute, voyons.

— J'avais à vous entretenir d'objets sérieux.

— Et vous m'avez fait venir pour cela dans une salle à manger?

— Mais, oui ; eussiez-vous mieux aimé que je vous attendisse dans un boudoir, comtesse ?

— La distinction est délicate.

— Je le crois ainsi, comtesse.

— Ainsi, il ne s'agit que de souper avec Monseigneur.

— Pas autre chose.

— Que Votre Éminence soit persuadée que je ressens cet honneur comme je le dois.

— Vous raillez, comtesse?

— Non, je ris.

— Vous riez?

— Oui. Aimez-vous mieux que je me fâche? Ah! vous êtes d'humeur difficile, Monseigneur, à ce qu'il paraît.

— Oh! vous êtes charmante quand vous riez, et je ne demanderais rien de mieux que de vous voir rire toujours. Mais vous ne riez pas en ce moment. Oh! non, non; il y a de la colère derrière ces belles lèvres qui montrent les dents.

— Pas le moins du monde, Monseigneur, et la salle à manger me rassure.

— A la bonne heure!

— Et j'espère que vous y souperez bien.

— Comment, que j'y souperai bien. Et vous?

— Moi, je n'ai pas faim.

— Comment, Madame, vous me refusez à souper?

— Plaît-il?

— Vous me chassez?

— Je ne vous comprends pas, Monseigneur.

— Écoutez, chère comtesse.

— J'écoute.

— Si vous étiez moins courroucée, je

vous dirais que vous avez beau faire, vous ne pouvez pas vous empêcher d'être charmante ; mais comme à chaque compliment je crains d'être congédié, je m'abstiens.

— Vous craignez d'être congédié. En vérité, Monseigneur, j'en demande pardon à Votre Éminence, mais vous devenez inintelligible.

— C'est pourtant limpide, ce qui se passe.

— Excusez mon éblouissement, Monseigneur.

— Eh bien ! l'autre jour vous m'avez

reçu avec beaucoup de gêne; vous trouviez que vous étiez logée d'une façon peu convenable pour une personne de votre rang et de votre nom. Cela m'a forcé d'abréger ma visite; cela en outre vous a rendue un peu froide avec moi. J'ai pensé alors que vous remettre dans votre milieu, dans vos conditions de vivre, c'était rendre l'air à l'oiseau que le physicien place sous la machine pneumatique.

— Et alors, demanda la comtesse avec anxiété, car elle commençait à comprendre.

— Alors, belle comtesse, pour que

vous puissiez me recevoir avec franchise, pour que de mon côté je puisse venir vous visiter sans me compromettre, ou vous compromettre vous-même...

Le cardinal regardait fixement la comtesse.

— Eh bien? demanda celle-ci.

— Eh bien, j'ai espéré que vous daigneriez accepter cette étroite maison. Vous comprenez, comtesse, je ne dis pas petite maison.

— Accepter, moi? Vous me donnez cette maison, Monseigneur? s'écria la comtesse dont le cœur battait à la fois d'orgueil et d'avidité.

— Bien peu de chose, comtesse, trop peu ; mais si je vous donnais plus, vous n'eussiez point accepté.

— Oh! ni plus ni moins, Monseigneur, dit la comtesse.

— Vous dites? Madame.

— Je dis qu'il est impossible que j'accepte un pareil don.

— Impossible! Et pourquoi?

— Mais parce que c'est impossible, tout simplement.

— Oh! ne prononcez pas ce mot-là près de moi, comtesse.

— Pourquoi?

— Parce que je ne veux pas y croire près de vous.

— Monseigneur!...

— Madame, la maison vous appartient, les clés sont là sur un plat de vermeil. Je vous traite comme un triomphateur. Voyez-vous encore une humiliation dans cela?

— Non, mais...

— Voyons, acceptez.

— Monseigneur, je vous l'ai dit.

— Comment, Madame, vous écrivez aux ministres pour solliciter une pension ; vous acceptez cent louis de deux dames inconnues, vous !

— Oh ! Monseigneur, c'est bien différent. Qui reçoit...

— Qui reçoit oblige, comtesse ; dit noblement le prince. Voyez, je vous ai attendu dans votre salle à manger ; je n'ai pas même vu ni le boudoir, ni les salons, ni les chambres ; seulement je suppose qu'il y a tout cela.

— Oh ! Monseigneur, pardon ; car vous me forcez d'avouer qu'il n'existe pas d'homme plus délicat que vous.

Et la comtesse, si longtemps contenue, rougit de plaisir en songeant qu'elle allait pouvoir dire : Ma maison.

Puis, voyant tout-à-coup qu'elle se laissait entraîner, à un geste que fit le prince :

— Monseigneur, dit-elle en reculant d'un pas, je prie Votre Éminence de me donner à souper.

Le cardinal ôta un manteau dont il ne s'était pas encore débarrassé, approcha un siége pour la comtesse, et vêtu d'un habit de ville qui lui séyait à merveille, il commença son office de maître d'hôtel.

Le souper se trouva servi en un moment.

Tandis que les laquais pénétraient dans l'antichambre, Jeanne avait replacé un loup sur son visage.

— C'est moi qui devrais me masquer, dit le cardinal, car vous êtes chez vous; car vous êtes au milieu de vos gens; car c'est moi qui suis l'étranger.

Jeanne se mit à rire, mais n'en garda pas moins son masque. Et malgré le plaisir et la surprise qui l'étouffaient, elle fit honneur au repas.

Le cardinal, nous l'avons déjà dit en plusieurs occasions, était un homme d'un grand cœur et d'un réel esprit.

La longue habitude des cours les plus civilisées de l'Europe, des cours gouvernées par des reines, l'habitude des femmes qui, à cette époque, compliquaient, mais souvent aussi résolvaient toutes les questions de politiques; cette expérience, pour ainsi dire transmise par la voie du sang, et multipliée par une étude personnelle; toutes ces qualités si rares aujourd'hui, déjà rares alors, faisaient du prince un homme extrêmement difficile à pénétrer pour les diplomates, ses rivaux, et pour les femmes ses maîtresses.

C'est que sa bonne façon et sa haute courtoisie étaient une cuirasse que rien ne pouvait entamer.

Aussi le cardinal se croyait-il bien supérieur à Jeanne, cette provinciale bouffie de prétentions, et qui, sous son faux orgueil, n'avait pu lui cacher son avidité, lui paraissait une facile conquête, durable sans doute à cause de sa beauté, de son esprit, de je ne sais quoi de provoquant qui séduit beaucoup plus les hommes blasés que les hommes naïfs. Peut-être cette fois le cardinal, plus difficile à pénétrer qu'il n'était pénétrant lui-même, se trompait-il ; mais le fait est que Jeanne, belle qu'elle était, ne lui inspirait aucune défiance.

Cet fut la perte de cet homme supérieur. Il ne se fit pas seulement moins fort qu'il était, il se fit pygmée ; de Marie-Thérèse à Jeanne de La Mothe, la différence était trop grande pour qu'un Rohan de cette trempe se donnât la peine de lutter.

Aussi une fois la lutte engagée, Jeanne qui sentait son infériorité apparente, se garda-t-elle de laisser voir sa supériorité réelle ; elle joua toujours la provinciale coquette, elle fit la femmelette pour se conserver un adversaire, confiant dans sa force et par conséquent faible dans ses attaques.

Le cardinal, qui avait surpris chez elle tous les mouvements qu'elle n'avait pu réprimer, la crut donc enivrée du présent qu'il venait de lui faire ; elle l'était effectivement, car le présent était non-seulement au-dessus de ses espérances, mais même de ses prétentions.

Seulement il oubliait que c'était lui qui était au-dessous de l'ambition et de l'orgueil d'une femme telle que Jeanne.

Ce qui dissipa d'ailleurs l'enivrement chez elle, c'est la succession de désirs nouveaux immédiatement substitués aux anciens.

— Allons, dit le cardinal en versant à la comtesse un verre de vin de Chypre dans une petite coupe de cristal étoilée d'or; allons, puisque vous avez signé votre contrat avec moi, ne me boudez plus, comtesse.

— Vous bouder, oh! non.

— Vous me recevrez donc quelquefois ici sans trop de répugnance?

—Jamais je ne serai assez ingrate pour oublier que vous êtes ici chez vous, Monseigneur.

—Chez moi? folie!

—Non, non, chez vous, bien chez vous.

—Ah! si vous me contrariez, prenez garde!

—Eh bien! qu'arrivera-t-il?

—Je vais vous imposer d'autres conditions.

—Ah! prenez garde à votre tour.

— A quoi?

— A tout.

— Dites.

— Je suis chez moi.

— Et...

— Et si je trouve vos conditions déraisonnables, j'appelle mes gens.

Le cardinal se mit à rire.

— Eh bien ! vous voyez? dit-elle.

— Je ne vois rien du tout, fit le cardinal.

— Si fait, vous voyez bien que vous vous moquiez de moi!

— Comment cela?

— Vous riez!...

— C'est le moment, ce me semble.

— Oui, c'est le moment, car vous savez bien que si j'appelais mes gens ils ne viendraient pas.

— Oh! si fait, le diable m'emporte.

— Fi! Monseigneur.

— Qu'ai-je donc fait?

— Vous avez juré, Monseigneur.

— Je ne suis plus cardinal ici, comtesse ; je suis chez vous, c'est-à-dire en bonne fortune.

Et il se mit encore à rire.

— Allons, dit la comtesse en elle-même, décidément, c'est un excellent homme.

— A propos, fit tout-à-coup le cardinal, comme si une pensée bien éloignée de son esprit venait d'y rentrer par hasard, que me disiez-vous l'autre jour de ces deux dames de charité, de ces deux Allemandes ?

— De ces deux dames au portrait ? fit

Jeanne, qui, ayant vu la reine, arrivait à la parade et se tenait prête à la riposte.

— Oui, de ces dames au portrait.

— Monseigneur, fit madame de La Mothe en regardant le cardinal, vous le connaissez aussi bien et même mieux que moi, je parie.

— Moi? oh! comtesse, vous me faites tort. N'avez-vous point paru désirer savoir qui elles sont?

— Sans doute; et c'est bien naturel de désirer connaître ses bienfaitrices, ce me semble.

— Eh bien, si je savais qui elles sont, vous le sauriez déjà, vous.

— Monsieur le cardinal, ces dames, vous les connaissez, vous dis-je.

— Non.

— Encore un non, et je vous appelle menteur.

— Oh! et moi je me venge de l'insulte.

— Comment, s'il vous plaît?

— En vous embrassant.

— Monsieur l'ambassadeur près la

cour de Vienne, monsieur le grand ami de l'impératrice Marie-Thérèse, il me semble, à moins qu'il ne soit guère ressemblant, que vous auriez dû reconnaître le portrait de votre amie.

— Quoi! vraiment, comtesse, c'était le portrait de Marie-Thérèse!

— Oh! faites donc l'ignorant, monsieur le diplomate!

— Eh bien! voyons, quand cela serait, quand j'aurais reconnu l'impératrice Marie-Thérèse, où cela nous mènerait-il?

— Qu'ayant reconnu le portrait de

Marie-Thérèse, vous devez bien avoir quelque soupçon des femmes à qui un pareil portrait appartient.

— Mais pourquoi voulez-vous que je sache cela ? dit le cardinal assez inquiet.

— Dam ! parce qu'il n'est pas très ordinaire de voir un portrait de mère ; car remarquez bien que ce portrait est un portrait de mère et non d'impératrice, en d'autres mains qu'entre les mains...

— Achevez.

— Qu'entre les mains d'une fille...

— La reine ! s'écria Louis de Rohan

avec une vérité d'intonation qui dupa Jeanne. La reine! Sa Majesté serait venue chez vous!

— Eh! quoi, vous n'aviez pas deviné que c'était elle, Monsieur?

— Mon Dieu! non, dit le cardinal d'un ton parfaitement simple; non, il est d'habitude, en Hongrie, que les portraits des princes régnants passent de famille en famille. Ainsi, moi qui vous parle, par exemple, je ne suis ni fils, ni fille, ni même parent de Marie-Thérèse, eh bien! j'ai un portrait d'elle sur moi.

— Sur vous, Monseigneur?

— Tenez, dit froidement le cardinal.

Et il tira de sa poche une tabatière qu'il montra à Jeanne, confondue.

— Vous voyez bien, ajouta-t-il, que si j'ai ce portrait, moi qui, comme je vous le disais, n'ai pas l'honneur d'être de la famille impériale, un autre que moi peut bien l'avoir oublié chez vous, sans être pour cela de l'auguste maison d'Autriche.

Jeanne se tut. Elle avait tous les instincts de la diplomatie; mais la pratique lui manquait encore.

—Ainsi, à votre avis, continua le

prince Louis, c'est la reine Marie-Antoinette qui est allée vous rendre visite ?

— La reine avec une autre dame.

— Madame de Polignac ?

— Je ne sais.

— Madame de Lamballe !

— Une jeune femme fort belle et fort sérieuse.

— Mademoiselle de Taverney peut-être ?

— C'est possible ; je ne la connais pas.

— Alors, si Sa Majesté vous est venue rendre visite, vous voilà sûre de la protection de la reine. C'est un grand pas pour votre fortune.

— Je le crois, Monseigneur.

— Sa Majesté, pardonnez-moi cette question, a-t-elle été généreuse envers vous ?

— Mais elle m'a donné une centaine de louis, je crois.

— Oh ! Sa Majesté n'est pas riche, surtout dans ce moment-ci.

— C'est ce qui double ma reconnaissance.

— Et vous a-t-elle témoigné quelqu'intérêt particulier ?

— Un assez vif.

— Alors tout va bien, dit le prélat pensif et oubliant la protégée pour penser à la protectrice, il ne vous reste donc plus à faire qu'une seule chose.

— Laquelle ?

— Pénétrer à Versailles.

La comtesse sourit.

—Ah! ne nous le dissimulons pas, comtesse, là est la véritable difficulté.

La comtesse sourit une seconde fois, mais d'une façon plus significative que la première.

Le cardinal sourit à son tour.

— En vérité, vous autres provinciales, dit-il, vous ne doutez jamais de rien. Parce que vous avez vu Versailles avec des grilles qui s'ouvrent et des escaliers qu'on monte, vous vous figurez que tout le monde ouvre ces grilles et monte ces escaliers. Avez-vous vu tous les monstres d'airain, de marbre ou de plomb qui garnissent le parc et les terrasses de Versailles, comtesse?

— Mais oui, Monseigneur.

— Hippogriffes, chimères, gorgones, goules et autres bêtes malfaisantes, il y en a des centaines : eh bien! figurez-vous dix fois plus de méchantes bêtes vivantes entre les princes et leurs bienfaits que vous n'avez vu de monstres fabriqués entre les fleurs du jardin et les passants.

— Votre Eminence m'aiderait bien à passer dans les rangs de ces monstres s'ils me fermaient le passage.

— J'essaierai, mais j'aurai bien du mal. Et d'abord si vous prononciez mon nom, si vous découvriez votre talisman, au bout de deux visites, il vous serait devenu inutile.

— Heureusement, dit la comtesse, je suis gardée de ce côté par la protection immédiate de la reine, et si je pénètre à Versailles, j'y entrerai avec la bonne clé.

— Quelle clé, comtesse?

— Ah! Monsieur le cardinal, c'est mon secret... Non, je me trompe ; si c'était mon secret je vous le dirais, car je ne veux rien avoir de caché pour mon plus aimable protecteur.

— Il y a un mais, comtesse?

— Hélas! oui, Monseigneur, il y a un mais; mais comme ce n'est pas mon secret, je le garde. Qu'il vous suffise de savoir...

— Quoi donc?

— Que demain j'irai à Versailles; que je serai reçue, et, j'ai tout lieu de l'espérer, bien reçue, Monseigneur.

Le cardinal regarda la jeune femme dont l'aplomb lui paraissait une conséquence un peu directe des premières vapeurs du souper.

— Comtesse, dit-il en riant, nous verrons si vous entrez.

— Vous pousseriez la curiosité jusqu'à me faire suivre?

— Exactement.

— Je ne m'en dédis pas.

— Dès demain, défiez-vous, comtesse, je déclare votre honneur intéressé à entrer à Versailles.

— Dans les petits appartements, oui, Monseigneur.

— Je vous assure, comtesse, que vous êtes pour moi une énigme vivante.

— Un de ces petits monstres qui habitent le parc de Versailles?

— Oh! vous me croyez homme de goût, n'est-ce pas?

— Oui, certes, Monseigneur.

— Eh bien! comme me voici à vos genoux, comme je prends et baise votre main, vous ne pouvez plus croire que je place mes lèvres sur une griffe ou ma main sur une queue de poisson à écaillés.

— Je vous supplie, Monseigneur, de vous souvenir, dit froidement Jeanne, que je ne suis ni une grisette, ni une fille d'Opéra. C'est à dire que je suis tout à moi, quand je ne suis pas à mon mari, et que, me sentant l'égale de tout homme en ce royaume, je prendrai librement et spontanément le jour où cela me plaira, l'homme qui aura su me plaire. Ainsi, Monseigneur, respectez-moi un peu, vous respecterez ainsi la noblesse à laquelle nous appartenons tous les deux.

Le cardinal se releva.

— Allons, dit-il, vous voulez que je vous aime sérieusement.

— Je ne dis pas cela, Monsieur le cardinal, mais je veux, moi, vous aimer. Croyez-moi, quand le moment sera venu, s'il vient, vous le devinerez facilement. Je vous le ferai savoir au cas où vous ne vous en apercevriez pas, car je me sens assez jeune, assez passable pour ne pas redouter de faire des avances. Un honnête homme ne me repoussera pas.

— Comtesse, dit le cardinal, je vous assure que s'il ne dépend que de moi, vous m'aimerez.

— Nous verrons.

— Vous avez déjà de l'amitié pour moi, n'est-il pas vrai?

— Plus.

— Vraiment, nous serions alors à moitié chemin.

— N'arpentons pas la route avec la toise, marchons.

— Comtesse, vous êtes une femme que j'adorerais...

Et il soupira.

— Que j'adorerais?... dit-elle surprise, si?...

—Si vous le permettiez, se hâta de répondre le cardinal.

— Monseigneur, je vous le permettrai peut-être quand la fortune m'aura souri assez longtemps pour que vous vous dispensiez de tomber à mes genoux si vite et de me baiser les mains si prématurément.

— Comment?

— Oui, quand je serai au-dessus de vos bienfaits, vous ne soupçonnerez plus que je recherche vos visites par un intérêt quelconque; alors vos vues sur moi s'ennobliront, j'y gagnerai, Monseigneur, et vous n'y perdrez pas.

Elle se leva encore, car elle s'était rassise pour mieux débiter sa morale.

— Alors, dit le cardinal, vous m'enfermez dans des impossibilités.

— Comment cela?

— Vous m'empêchez de vous faire ma cour.

— Pas le moins du monde; est-ce qu'il n'y a, pour faire la cour à une femme, que le moyen de la génuflexion et la prestidigitation?

— Commençons vivement, comtesse. Que voulez-vous me permettre?

— Tout ce qui est compatible avec mes goûts et mes devoirs.

— Oh! oh! vous prenez là les deux

plus vagues terrains qu'il y ait au monde.

— Vous avez eu tort de m'interrompre, Monseigneur, j'allais y en ajouter un troisième.

— Lequel? bon Dieu.

— Celui de mes caprices.

— Je suis perdu.

— Vous reculez?

Le cardinal subissait en ce moment beaucoup moins la direction de sa pensée intérieure que le charme de cette provocante enchanteresse.

— Non, dit-il, je ne reculerai pas.

— Ni devant mes devoirs?

— Ni devant vos goûts et vos caprices.

— La preuve?

— Parlez.

— Je veux aller ce soir au bal de l'Opéra.

— Cela vous regarde, comtesse, vous êtes libre comme l'air, et je ne vois pas en quoi vous seriez empêchée d'aller au bal de l'Opéra?

— Un moment; vous ne voyez que la

moitié de mon désir; l'autre, c'est que vous aussi, vous veniez à l'Opéra.

— Moi! à l'Opéra... oh! comtesse!

Et le cardinal fit un mouvement qui, tout simple pour un particulier ordinaire, était un bond prodigieux pour un Rohan de cette qualité.

— Voilà déjà comme vous cherchez à me plaire? dit la comtesse.

— Un cardinal ne va pas au bal de l'Opéra, comtesse; c'est comme si à vous je vous proposais d'entrer dans... une tabagie.

— Un cardinal ne danse pas non plus, n'est-ce pas ?...

— Oh !... non.

— Eh bien ! pourquoi donc ai-je lu que M. le cardinal de Richelieu avait dansé une sarabande.

— Devant Anne d'Autriche, oui... laissa échapper le prince.

—Devant une reine, c'est vrai, répéta Jeanne en le regardant fixement. Eh bien ! vous feriez peut-être cela pour une reine...

Le prince ne put s'empêcher de rougir, tout habile, tout fort qu'il était.

Soit que la maligne créature eût pitié de son embarras, soit qu'il lui fût expédient de ne pas prolonger cette gêne, elle se hâta d'ajouter :

— Comment ne me blesserais-je pas, moi à qui vous faites tant de protestations, de voir que vous m'estimez moins qu'une reine, lorsqu'il s'agit d'être caché sous un domino, et sons un masque, lorsqu'il s'agit de faire dans mon esprit, avec une complaisance que je ne saurais reconnaître, un de ce pas de géant ques votre fameuse toise de tout à l'heure ne mesurerait jamais.

Le cardinal, heureux d'en être quitte à si bon marché, heureux surtout de cette perpétuelle victoire que l'adresse de Jeanne lui laissait remporter à chaque étourderie, se jeta sur la main de la comtesse en la serrant.

— Pour vous, dit-il, tout, même l'impossible.

— Merci, Monseigneur, l'homme qui vient de faire ce sacrifice pour moi est un ami bien précieux, je vous dispense de la corvée, maintenant que vous l'avez acceptée.

— Non pas, non pas, celui-là seul peut réclamer le salaire qui vient d'accomplir sa tâche. Comtesse, je vous suis; mais en domino.

— Nous allons passer dans la rue Saint-Denis, qui avoisine l'Opéra ; j'entrerai, masquée dans un magasin ; j'y achèterai pour vous domino et masque ; vous vous vêtirez dans le carrosse.

— Comtesse, c'est une partie charmante, savez-vous ?

— Oh ! Monseigneur, vous êtes pour moi d'une bonté qui me couvre de confusion... Mais, j'y pense, peut-être à l'hôtel de Rohan, Votre Excellence aurait-elle trouvé un domino plus à son goût que celui dont nous allons faire emplette.

— Voilà une malice impardonnable, comtesse. Si je vais au bal de l'Opéra, croyez bien une chose...

Laquelle, Monseigneur?

— C'est que je serai aussi surpris de m'y voir que vous le fûtes, vous, de souper en tête-à-tête avec un autre homme que votre mari.

Jeanne sentit qu'elle n'avait rien à répondre; elle remercia.

Un carrosse sans armoiries vint à la petite porte de la maison recevoir les deux fugitifs, et prit au grand trot le chemin des boulevards.

IV.

Quelques mots sur l'Opéra.

L'Opéra, ce temple du plaisir à Paris, avait brûlé en 1781, au mois de juin.

Vingt personnes avaient péri sous les décombres et comme, depuis dix-huit ans c'était la deuxième fois que ce malheur arrivait, l'emplacement habituel de l'Opéra, c'est-à-dire le Palais-Royal, avait paru fatal aux joies parisiennes, une ordonnance du roi avait transféré ce séjour dans un autre quartier moins central.

Ce fut toujours pour les voisins une grande préoccupation que cette ville de toile et de bois blanc, de cartons et de peintures. L'Opéra sain et sauf enflammait les cœurs des financiers et des gens de qualité, déplaçait les rangs et les fortunes. L'Opéra en combustion pouvait détruire un quartier, la ville tout entière. Il ne s'agissait que d'un coup de vent.

L'emplacement choisi fut la Porte-Saint-Martin. Le roi, peiné de voir que sa bonne ville de Paris allait manquer d'opéra pendant bien longtemps, devint triste comme il le devenait chaque fois que les arrivages de grains ne se faisaient point, ou que le pain dépassait sept sols les quatre livres.

Il fallait voir toute la vieille noblesse, et toute la jeune robe, toute l'épée et toute la finance désorientées par ce vide de l'après-dînée, il fallait voir errer sur les promenades les divinités sans asile, depuis l'espalier jusqu'à la première chanteuse.

Pour consoler le roi et même un peu la reine, on fit voir à Leurs Majestés un architecte, M. Lenoir, qui promettait monts et merveilles.

Ce galant homme avait des plans nouveaux, un système de circulation si parfait, que même en cas d'incendie, nul ne pourrait être étouffé dans les corridors. Il ouvrait huit portes aux fuyards sans compter un premier étage à cinq larges fenêtres si basses, que les plus poltrons pourraient sauter sur le boulevard sans rien craindre que des entorses.

M. Lenoir donnait pour remplacer la

belle salle de Moreau et les peintures de Durameaux, un bâtiment de 96 pieds de façade sur le boulevard ; une façade ornée de huit caryatides adossées aux piliers, pour former trois portes d'entrée ; huit colonnes posant sur le soubassement ; de plus, un bas-relief au-dessus des chapiteaux, un balcon à trois croisées ornées d'archivoltes.

La scène aurait 56 pieds d'ouverture, le théâtre, 72 pieds de profondeur et 84 pieds dans sa largeur, d'un mur à l'autre.

Il y aurait des foyers ornés de glaces, d'une décoration simple, mais noble.

Dans toute la largeur de la salle, sous l'orchestre, M. Lenoir ménagerait un espace de douze pieds pour contenir un immense réservoir et deux corps de pompes au service desquelles seraient affectés vingt gardes françaises.

Enfin, pour combler la mesure, l'architecte demandait soixante-quinze jours et soixante-quinze nuits pour livrer la salle au public, pas une heure de plus ou de moins.

Ce dernier article parut être une gasconnade ; on rit beaucoup d'abord, mais le roi fit son calcul avec M. Lenoir et accorda tout.

M. Lenoir se mit à l'œuvre et tint sa promesse. La salle fut achevée dans le délai convenu.

Mais alors le public, qui n'est jamais satisfait ou rassuré, se mit à réfléchir que la salle était bâtie en charpentes, que c'était le seul moyen de construire vite, mais que la célérité était une condition d'infirmité, que par conséquent l'Opéra nouveau n'était pas solide. Ce théâtre, après lequel on avait tant soupiré, que les curieux avaient si bien regardé s'élever poutre à poutre, ce momument que tout Paris était venu voir grandir chaque soir, en y fixant d'avance sa place, nul n'y voulut entrer lorsqu'il fut achevé. Les plus hardis, les fous, retinrent leurs billets pour la première représentation d'*Adèle de Ponthieu*, musique de Piccini, mais en même temps ils firent leur testament.

Ce que voyant, l'architecte désolé eut recours au roi, qui lui donna une idée.

Ce qu'il y a de poltrons en France, dit Sa Majesté, ce sont les gens qui paient; ceux-là veulent bien vous donner dix mille livres de rente et se faire étouffer dans la presse, mais ils ne veulent pas risquer d'être étouffés sous des plafonds croulants. Laissez-moi ces gens-là, et invitez les braves qui ne paient pas. La reine m'a donné un dauphin; la ville nage dans la joie. Faites annoncer qu'en réjouissance de la naissance de mon fils, l'Opéra ouvrira par un spectacle gratuit; et, si deux mille cinq cents personnes entassées, c'est-à-dire une moyenne de trois cents mille livres ne vous suffisent pas pour éprouver la solidité, priez tous ces lurons de se trémousser un peu; vous savez, monsieur Lenoir, que le poids se quintuple quand il tombe de quatre pouces. Vos deux mille cinq cents braves pèseront quinze cents milliers si vous les faites danser; donnez donc un bal après le spectacle.

—Sire, merci, dit l'architecte.

— Mais auparavant, réfléchissez, ce sera lourd !

— Sire, je suis sûr de mon fait, et j'irai à ce bal.

— Moi, répliqua le roi je vous promets d'assister à la deuxième représentation.

L'architecte suivit le conseil du roi. On joua *Adèle de Ponthieu* devant trois mille plébéiens, qui applaudirent plus que des rois.

Ces plébéiens voulurent bien danser

après le spectacle et se divertir considérablement. Ils décuplèrent leur poids au lieu de le quintupler.

Rien ne bougea dans la salle.

S'il y avait eu quelque malheur à craindre, c'eût été aux représentations suivantes, car les nobles peureux encombrèrent la salle, cette salle dans laquelle allaient se rendre pour le bal, trois ans après son ouverture, M. le cardinal de Rohan et madame de La Mothe.

Tel était le préambule que nous devions à nos lecteurs, maintenant, retrouvons nos personnages.

V

Le bal de l'Opéra.

Le bal était dans son plus grand éclat lorsque le cardinal Louis de Rohan et madame de La Mothe s'y glissèrent furtivement, le prélat du moins, parmi des milliers de dominos et de masques de toute espèce.

Ils furent bientôt enveloppés dans la

foule où ils disparurent comme disparaissent dans les grands tourbillons ces petits remous un moment remarqués par les promeneurs de la rive, puis entraînés et effacés par le courant.

Deux dominos côte à côte, autant qu'il était possible de se tenir côte à côte dans un pareil pêle-mêle, essayaient, en combinant leurs forces, de résister à l'envahissement; mais voyant qu'ils n'y pouvaient parvenir, ils prirent le parti de se réfugier sous la loge de la reine, où la foule était moins intense, et où d'ailleurs la muraille leur offrait un point d'appui.

Domino noir et domino blanc, l'un grand, l'autre de moyenne taille ; l'un homme, et l'autre femme ; l'un agitant les bras, l'autre tournant et retournant la tête.

Ces deux dominos se livraient évidemment à un colloque des plus animés.

Écoutons.

— Je vous dis, Oliva, que vous attendez quelqu'un, répétait le plus grand, votre col n'est plus un col, c'est le rapport d'une girouette qui ne tourne pas seulement à tout vent, mais à tout venant.

— Eh bien ! après ?

— Comment ! après ?

— Oui, qu'y a-t-il d'étonnant à ce que ma tête tourne ? Est-ce que je ne suis pas ici pour cela ?

— Oui, mais si vous la faites tourner aux autres...

— Eh bien ! Monsieur, pourquoi donc vient-on à l'Opéra ?

— Pour mille motifs.

— Oh ! oui, les hommes, mais les femmes n'y viennent que pour un seul.

— Lequel ?

— Celui que vous avez dit, pour faire tourner autant de têtes que possible. Vous m'avez amenée au bal de l'Opéra. J'y suis, résignez-vous.

— Mademoiselle Oliva !

— Oh ! ne faites pas votre grosse voix. Vous savez que votre grosse voix ne me fait pas peur, et surtout privez-vous de m'appeler par mon nom. Vous savez que rien n'est de plus mauvais goût que d'appeler les gens par leur nom au bal de l'Opéra.

Le domino noir fit un geste de colère, qui fut interrompu tout net par l'arrivée d'un domino bleu, assez gros, assez grand, et d'une belle tournure.

— Là, là, Monsieur, dit le nouveau venu, laissez donc Madame s'amuser tout à son aise. Que diable ! ce n'est pas tous les jours la mi-carême, et à toutes les mi-carême on ne vient point au bal de l'Opéra.

— Mêlez-vous de ce qui vous regarde, repartit brutalement le domino noir.

— Eh ! Monsieur, fit le domino bleu, rappelez-vous donc une fois pour toutes, qu'un peu de courtoisie ne gâte jamais rien.

— Je ne vous connais pas, répondit le domino noir, pourquoi diable me gênerais-je avec vous ?

— Vous ne me connaissez pas, soit ; mais...

— Mais, quoi ?

— Mais, moi, je vous connais, monsieur de Beausire.

A son nom prononcé, lui qui prononçait si facilement le nom des autres, le domino noir frémit, sensation qui fut visible aux oscillations répétées de son capuchon soyeux.

— Oh ! n'ayez pas peur, monsieur de

Beausire, reprit le masque, je ne suis pas ce que vous pensez.

— Eh pardieu! qu'est-ce que je pense? Est-ce que vous qui devinez les noms, vous ne vous contenteriez pas de cela et auriez la prétention de deviner aussi les pensées?

— Pourquoi pas?

— Alors devinez donc un peu ce que je pense. Je n'ai jamais vu de sorcier, et il me fera, en vérité, plaisir d'en rencontrer un.

— Oh! ce que vous demandez de moi n'est pas assez difficile pour me mériter un titre que vous paraissez octroyer bien facilement.

— Dites toujours.

— Non, trouvez autre chose.

— Cela me suffira. Devinez.

— Vous le voulez ?

— Oui.

— Eh bien, vous m'avez pris pour un agent de M. de Crosne.

— De M. de Crosne ?

— Eh oui, vous ne connaissez que

cela pardieu ! de M. de Crosne le lieutenant de police.

— Monsieur...

— Tout beau, cher monsieur Beausire ; en vérité, on dirait que vous cherchez une épée à votre côté.

— Certainement que je la cherche.

— Tudieu ! quelle belliqueuse nature. Mais remettez-vous, cher monsieur Beausire, vous avez laissé votre épée chez vous, et vous avez bien fait. Parlons d'autre chose. Voulez-vous, s'il vous plaît, me laisser le bras de Madame ?...

— Le bras de Madame ?

— Oui de Madame. Cela se fait, ce me

semble, au bal de l'Opéra, ou bien, arriverais-je des Grandes-Indes?

— Sans doute, Monsieur, cela se fait, quand cela convient au cavalier.

— Il suffit quelquefois, cher monsieur Beausire, que cela convienne à la dame.

— Est-ce pour longtemps que vous demandez ce bras ?

— Ah! cher monsieur Beausire, vous êtes trop curieux : peut-être pour dix minutes, peut-être pour une heure, peut-être pour toute la nuit.

— Allons donc, Monsieur, vous vous moquez de moi.

— Cher Monsieur, répondez oui ou non. Oui ou non, voulez-vous me donner le bras de Madame?

— Non.

— Allons, allons, ne faites pas le méchant.

— Pourquoi cela?

— Parce que, puisque vous avez un masque, il est inutile d'en prendre deux.

— Mon Dieu, Monsieur.

— Allons, bien, voilà que vous vous fâchez, vous qui étiez si doux tout à l'heure.

— Où cela?

— Rue Dauphine.

— Rue Dauphine! exclama Beausire stupéfait.

Oliva éclata de rire.

— Taisez-vous! Madame, lui grinça le domino noir.

Puis se tournant vers le domino bleu.

— Je ne comprends rien à ce que vous dites, Monsieur. Intriguez-moi honnêtement, si cela vous est possible.

— Mais, cher Monsieur, il me semble que rien n'est plus honnête que la vérité, n'est-ce pas, mademoiselle Oliva?

— Eh mais! fit celle-ci, vous me connaissez donc aussi, moi?

— Monsieur ne vous a-t-il pas nommée tout haut par votre nom, tout à l'heure?

— Et la vérité, dit Beausire, revenant à la conversation, la vérité, c'est...

— C'est qu'au moment de tuer cette pauvre dame, car il y a une heure vous vouliez la tuer; c'est qu'au moment de tuer cette pauvre dame, dis-je, vous vous êtes arrêté devant le son d'une vingtaine de louis.

— Assez, Monsieur.

— Soit; donnez-moi le bras de Madame, alors, puisque vous en avez assez.

— Oh! je vois bien, murmura Beausire, que Madame et vous...

— Eh bien! Madame et moi?

— Vous vous entendez.

— Je vous jure que non.

— Oh! peut-on dire? s'écria Oliva.

— Et d'ailleurs.... ajouta le domino bleu.

— Comment, d'ailleurs ?

— Oui, quand nous nous entendrions, ce ne serait que pour votre bien.

— Pour mon bien.

— Sans doute.

— Quand on avance une chose, on la prouve, dit cavalièrement Béausire.

— Volontiers.

— Ah ! je serais curieux...

— Je prouverai donc, continua le domino bleu, que votre présence ici vous est aussi nuisible que votre absence vous serait profitable.

— A moi ?

— Oui, à vous.

— En quoi, je vous prie ?

— Nous sommes membre d'une certaine académie, n'est-ce pas ?

— Moi ?

— Oh! ne vous fâchez point, cher monsieur de Beausire, je ne parle pas de l'Académie française.

— Académie... académie... grommela le chevalier d'Oliva.

— Rue du Pot-de-Fer, un étage au-dessous du rez-de-chaussée, est-ce bien cela, cher monsieur de Beausire ?

— Chut.

— Bah !

— Oui, chut ! Oh ! l'homme désagréable que vous faites, Monsieur.

— On ne dit pas cela.

— Pourquoi ?

— Parbleu ! parce que vous n'en pouvez croire un mot. Revenons donc à cette académie.

— Eh bien ?

Le domino bleu tira sa montre, une belle montre enrichie de brillants, sur laquelle se fixèrent comme deux lentilles enflammées les deux prunelles de Beausire.

— Eh bien ! répéta ce dernier.

— Eh bien, dans un quart-d'heure, à votre académie de la rue du Pot-de-Fer, cher monsieur de Beausire, on va discuter un petit projet tendant à donner un bénéfice de deux millions aux douze vrais associés, dont vous êtes un, monsieur de Beausire.

— Et dont vous êtes un autre, si toutefois...

— Achevez.

— Si toutefois vous n'êtes pas un mouchard.

— En vérité, je vous croyais un homme d'esprit, monsieur de Beausire, mais je vois avec douleur que vous n'êtes qu'un sot ; si j'étais de la police, je vous aurais déjà pris et repris vingt fois pour des affaires moins honorables que cette spéculation de deux millions que l'on va discuter à l'académie dans quelques minutes.

Beausire réfléchit un moment.

— Au diable, si vous n'avez pas raison, dit-il.

Puis se ravisant :

— Ah ! Monsieur, dit-il, vous m'envoyez rue du Pot-de-Fer.

— Je vous envoie rue du Pot-de-Fer.

— Je sais bien pourquoi.

— Dites !

— Pour m'y faire pincer. Mais pas si fou.

— Encore une sottise.

— Monsieur.

— Sans doute, si j'ai le pouvoir de

faire ce que vous dites, si j'ai le pouvoir plus grand encore de deviner ce qui se trame à votre Académie, pourquoi viens-je vous demander la permission d'entretenir Madame? Non. Je vous ferais, en ce cas, arrêter tout de suite, et nous serions débarrassés de vous, Madame et moi; mais au contraire, tout par la douceur et la persuasion, cher monsieur de Beausire, c'est ma devise.

— Voyons, s'écria tout à coup Beausire en quittant le bras d'Oliva, c'est vous qui étiez sur le sofa de Madame il y a deux heures? Hein! répondez.

— Quel sofa, demanda le domino bleu

à qui Oliva pinça légèrement le bout du petit doigt; je ne connais, moi, en fait de sofa, que celui de M. Crébillon fils.

— Au fait, cela m'est bien égal, reprit Beausire, vos raisons sont bonnes, voilà tout ce qu'il me faut. Je dis bonnes, c'est excellentes qu'il faudrait dire. Prenez donc le bras de Madame, et si vous avez conduit un galant homme à mal, rougissez !

Le domino bleu se mit à rire à cette épithète de galant homme dont se gratifiait si libéralement Beausire ; puis lui frappant sur l'épaule :

— Dormez tranquille, lui dit-il, en vous envoyant là-bas, je vous fais cadeau d'une part de cent mille livres au moins; car si vous n'alliez pas à l'Académie ce soir, selon l'habitude de vos associés, vous seriez mis hors de partage, tandis qu'en y allant...

— Eh bien! soit, au petit bonheur, murmura Beausire.

Et saluant avec une pirouette, il disparut.

Le domino bleu prit possession du bras de mademoiselle Oliva, devenu vacant par la disparition de Beausire.

— Maintenant à nous deux, dit celle-ci. Je vous ai laissé intriguer tout à votre aise ce pauvre Beausire, mais je vous préviens que je serai plus difficile à démonter, moi qui vous connais. Ainsi, comme il s'agit de continuer, trouvez-moi de jolies choses, ou sinon...

— Je ne connais pas de plus jolies choses au monde que votre histoire, chère mademoiselle Nicole, dit le domino bleu en serrant agréablement le bras rond de la petite femme qui poussa un cri étouffé, à ce nom que le masque venait de lui glisser dans l'oreille.

Mais elle se remit aussitôt, en personne habituée à ne point se laisser prendre par surprise.

— O mon Dieu ! qu'est-ce que ce nom-là ? demanda-t-elle. Nicole !... Est-ce de moi qu'il s'agit ? Voulez-vous, par hasard, me désigner par ce nom ? En ce cas, vous faites naufrage en sortant du port, vous échouez au premier rocher. Je ne m'appelle pas Nicole.

— Maintenant, je sais, oui, maintenant vous vous appelez Oliva. Nicole sentait par trop la province. Il y a deux femmes en vous, je le sais bien, Oliva et Nicole. Nous parlerons tout à l'heure d'Oliva, parlons d'abord de Nicole. Avez-vous oublié le temps où vous répondiez à ce nom? Je n'en crois rien. Ah! ma chère enfant, lorsqu'on a porté un nom étant jeune fille, c'est toujours celui-là que l'on garde, sinon au dehors, du moins au fond de son cœur, quel que soit l'autre nom qu'on a été forcé de prendre pour faire oublier le premier. Pauvre Oliva! Heureuse Nicole!

En ce moment, un flot de masques vint heurter comme une lame d'orage les deux promeneurs entrelacés, et Nicole ou Oliva fut forcée, presque malgré elle, de serrer son compagnon de plus près encore qu'elle ne le faisait.

— Voyez, lui dit-il, voyez toute cette foule bigarrée ; voyez tous ces groupes qui se pressent, sous les coqueluchons l'un de l'autre, pour dévorer les mots de galanterie ou d'amour qu'ils échangent; voyez ces groupes qui se font et se défont, les uns avec des rires, les autres avec des reproches. Tous ces gens-là ont peut-être autant de noms que vous, et il y en a beaucoup que j'étonnerais en leur disant des noms dont ils se souviennent, et qu'ils croient qu'on a oubliés.

— Vous avez dit : Pauvre Oliva !...

— Oui.

— Vous ne me croyez donc pas heureuse ?

— Il serait difficile que vous fussiez heureuse avec un homme comme Beausire.

Oliva poussa un soupir.

— Aussi ne le suis-je point! dit-elle.

— Vous l'aimez, cependant?

— Oh! raisonnablement.

— Si vous ne l'aimez pas, quittez-le.

— Non.

— Pourquoi cela?

— Parce que je ne l'aurais pas plutôt quitté, que je le regretterais.

— Vous le regretteriez ?

— J'en ai peur.

— Et que regretteriez-vous donc dans un ivrogne, dans un joueur, dans un homme qui vous bat, dans un escroc qui sera un jour roué en Grève ?

— Peut-être ne comprendrez-vous point ce que je vais vous dire.

— Dites toujours.

— Je regretterais le bruit qu'il fait autour de moi.

— J'aurais dû le deviner. Voilà ce que c'est que d'avoir passé sa jeunesse avec des gens silencieux.

— Vous connaissez ma jeunesse ?

— Parfaitement.

— Ah! mon cher monsieur, dit Oliva en riant et en secouant la tête d'un air de défi.

— Vous doutez?

— Oh! je ne doute pas, je suis sûre.

— Nous allons donc causer de votre jeunesse, mademoiselle Nicole.

— Causons; mais je vous préviens que je ne vous donnerai pas la réplique.

— Oh! je n'en ai pas besoin.

— J'attends.

— Je ne vous prendrai point à l'enfance, temps qui ne compte pas dans la vie, je vous prendrai à la puberté, au moment où vous vous aperçûtes que Dieu avait mis en vous un cœur pour aimer.

— Pour aimer qui?

— Pour aimer Gilbert.

A ce mot, à ce nom, un frisson courut

par toutes les veines de la jeune femme, et le domino bleu la sentit frémissante à son bras.

— Oh! dit-elle, comment savez-vous, mon Dieu?

Et elle s'arrêta tout-à-coup, dardant à travers son masque, et avec une émotion indéfinissable, ses yeux sur le domino bleu.

Le domino bleu resta muet.

Oliva, ou plutôt Nicole, poussa un soupir.

— Ah! monsieur, dit-elle, sans chercher à lutter plus longtemps, vous venez de prononcer un nom pour moi bien fertile en souvenirs. Vous connaissez donc ce Gilbert?

— Oui, puisque je vous en parle.

— Hélas!

— Un charmant garçon, sur ma foi. Vous l'aimiez?

— Il était beau?... non... ce n'est pas cela... mais je le trouvais beau, moi. Il était plein d'esprit. Il était mon égal par la naissance... Mais non, cette fois surtout, je me trompe. Égal, non, jamais.

Tant que Gilbert le voudra, aucune femme ne sera son égale.

— Même...

— Même qui?

— Même mademoiselle de Ta......!

— Oh! je sais ce que vous voulez dire, interrompit Nicole; oh! vous êtes bien instruit, monsieur, je le vois; oui, il aimait plus haut que la pauvre Nicole.

— Je m'arrête, vous voyez.

— Oui, oui, vous savez des secrets bien terribles, monsieur, dit Oliva en tressaillant; maintenant...

Elle regarda l'inconnu comme si elle eût pu lire à travers son masque.

— Maintenant, qu'est-il devenu?

— Mais je crois que vous pourriez le dire mieux que personne.

— Pourquoi? grand Dieu!

— Parce que, s'il vous a suivie de Taverney à Paris, vous l'avez suivi, vous, de Paris à Trianon.

— Oui, c'est vrai, mais il y a dix ans de cela; aussi n'est-ce pas de ce temps que je vous parle. Je vous parle des dix ans qui se sont écoulés depuis que je me suis enfuie et qu'il a disparu. Mon Dieu! il se passe tant de choses en dix ans!

Le domino bleu garda le silence.

— Je vous en prie, insista Nicole presque suppliante, dites-moi ce qu'est devenu Gilbert? Vous vous taisez, vous détournez la tête. Peut-être ce souvenir vous blesse-t-il, vous attriste-t-il?

Le domino bleu avait en effet, non pas détourné, mais incliné la tête, comme si le poids de ses souvenirs eût été trop lourd.

— Quand Gilbert aimait mademoiselle de Taverney, dit Oliva...

— Plus bas les noms, dit le domino bleu. N'avez-vous point remarqué que je ne les prononce point moi-même?

— Quand il était si amoureux, continua Oliva avec un soupir, que chaque arbre de Trianon savait son amour.

— Eh bien! vous ne l'aimiez plus, vous?

— Moi, au contraire, plus que jamais; et ce fut cet amour qui me perdit. Je suis belle, je suis fière, et quand je veux je suis insolente. Je mettrais ma tête sur un billot pour la faire abattre, plutôt que de laisser dire que j'ai courbé la tête.

— Vous avez du cœur, Nicole.

— Oui, j'en ai eu... dans ce temps-là, dit la jeune fille en soupirant.

— La conversation vous attriste?

— Non, au contraire, cela me fait du bien de remonter vers ma jeunesse. Il en est de la vie comme des rivières, la rivière la plus troublée a une source pure. Continuez, et ne faites pas attention à un pauvre soupir perdu qui sort de ma poitrine.

— Oh! fit le domino bleu avec un doux balancement qui trahissait un sourire éclos sous le masque : de vous, de

Gilbert et d'une autre personne, je sais, ma pauvre enfant, tout ce que vous pouvez savoir vous-même.

— Alors, s'écria Oliva, dites-moi pourquoi Gilbert s'est enfui de Trianon; et si vous me le dites...

— Vous serez convaincue? Eh bien! je ne vous le dirai pas, et vous serez bien mieux convaincue encore.

— Comment cela?

— En me demandant pourquoi Gilbert a quitté Trianon, ce n'est pas une vérité que vous voulez constater dans ma réponse, c'est une chose que vous ne savez pas et que vous désirez apprendre.

— C'est vrai.

Tout-à-coup elle tressaillit plus vivement qu'elle n'avait fait encore, et lui saisissant les mains de ses deux mains crispées :

— Mon Dieu! dit-elle, mon Dieu!

— Eh bien! quoi?

Nicole parut se remettre et écarter l'idée qui l'avait amenée à cette démonstration.

— Rien.

— Si fait, vous vouliez me demander quelque chose.

— Oui, dites-moi tout franc ce qu'est devenu Gilbert?

— N'avez-vous pas entendu dire qu'il était mort?

— Oui, mais...

— Eh bien! il est mort.

— Mort? fit Nicole d'un air de doute.

Puis, avec une secousse soudaine qui ressemblait à la première :

— De grâce, monsieur, dit-elle, un service.

— Deux, dix, tant que vous en voudrez, ma chère Nicole.

— Je vous ai vu chez moi il y a deux heures, n'est-ce pas, car c'est bien vous?

— Sans doute.

— Il y a deux heures, vous ne cherchiez pas à vous cacher de moi.

— Pas du tout; je cherchais au contraire à me faire bien voir.

— Oh! folle, folle que je suis! moi qui vous ai tant regardé. Folle, folle, stupide, femme, rien que femme, comme disait Gilbert.

— Eh bien là, laissez vos beaux cheveux. Épargnez-vous.

— Non. Je veux me punir de vous avoir regardé sans vous avoir vu.

— Je ne vous comprends pas.

— Savez-vous ce que je vous demande?

— Demandez.

— Otez votre masque.

— Ici; impossible.

— Oh! ce n'est pas la crainte d'être vu par d'autres regards que les miens qui vous en empêche; car là, derrière cette colonne, dans l'ombre de la galerie, personne ne vous verrait que moi.

— Quelle chose m'empêche donc alors?

— Vous avez peur que je ne vous reconnaisse.

— Moi?

— Et que je ne m'écrie : C'est vous, c'est Gilbert!

— Ah! vous avez bien dit : Folle! folle!

— Otez votre masque.

— Eh bien! soit; mais à une condition.

— Elle est accordée d'avance.

— C'est que si je veux à mon tour que vous ôtiez votre masque...

— Je l'ôterai. Si je ne l'ôte pas, vous me l'arracherez.

Le domino bleu ne se fit pas prier plus longtemps; il gagna l'endroit obscur que la jeune femme lui avait indiqué, et arrivé là, détachant son masque, il se posa devant Oliva, qui le dévora du regard pendant une minute.

— Hélas! non, dit-elle en battant le

sol du pied et en coupant la paume de ses mains avec ses ongles. Hélas! non, ce n'est pas Gilbert.

— Et qui suis-je?

— Que m'importe! du moment que vous n'êtes pas lui.

— Et si c'eût été Gilbert? demanda l'inconnu en rattachant son masque.

— Si c'eût été Gilbert! s'écria la jeune fille avec passion.

— Oui.

— S'il m'eût dit : Nicole, Nicole, souviens-toi de Taverney-Maison-Rouge. Oh! alors!

— Alors?

— Il n'y avait plus de Beausire au monde, voyez-vous.

— Je vous ai dit, ma chère enfant, que Gilbert était mort.

— Eh bien, peut-être cela vaut-il mieux, soupira Oliva.

— Oui, Gilbert ne vous aurait pas aimée, toute belle que vous êtes.

— Voulez-vous dire que Gilbert me méprisât?

— Non, il vous craignait plutôt.

— C'est possible. J'avais de lui en moi,

et il se connaissait si bien que je lui faisais peur.

— Donc, vous l'avez dit, mieux vaut qu'il soit mort.

— Pourquoi répéter mes paroles? Dans votre bouche elles me blessent. Pourquoi vaut-il mieux qu'il soit mort? dites.

— Parce qu'aujourd'hui, ma chère Oliva, — vous voyez, j'abandonne Nicole, — parce qu'aujourd'hui, ma chère Oliva, vous avez en perspective tout un avenir heureux, riche, éclatant!

— Croyez-vous?

— Oui, si vous êtes bien décidée à tout faire pour arriver au but que je vous promets.

— Oh! soyez tranquille.

— Seulement, il ne faut plus soupirer comme vous soupiriez tout à l'heure.

— Soit. Je soupirais pour Gilbert; et comme il n'y avait pas deux Gilbert au monde, puisque Gilbert est mort, je ne soupirerai plus.

— Gilbert était jeune; il avait les défauts et les qualités de la jeunesse. Aujourd'hui...

— Gilbert n'est pas plus vieux aujourd'hui qu'il y a dix ans.

— Non, sans doute, puisque Gilbert est mort.

— Vous voyez bien, il est mort; les Gilbert ne vieillissent pas, ils meurent.

— Oh! s'écria l'inconnu, ô jeunesse! ô courage! ô beauté! semences éternelles d'amour, d'héroïsme et de dévoûment, celui-là qui vous perd perd véritablement la vie. La jeunesse, c'est le paradis, c'est le ciel, c'est tout. Ce que Dieu nous donne ensuite, ce n'est que la triste compensation de la jeunesse. Plus il donne aux hommes une fois la jeunesse perdue, plus il a cru devoir les indemniser. Mais rien ne remplace, grand Dieu! les trésors que cette jeunesse prodiguait à l'homme.

— Gilbert eût pensé ce que vous dites si bien, fit Oliva; mais assez sur ce sujet.

— Oui, parlons de vous.

— Parlons de ce que vous voudrez.

— Pourquoi avez-vous fui avec Beausire?

— Parce que je voulais quitter Trianon, et qu'il me fallait fuir avec quelqu'un. Il m'était impossible de demeurer plus longtemps pour Gilbert un pis-aller, un reste dédaigné.

— Dix ans de fidélité par orgueil, dit le domino bleu; oh! que vous avez payé cher cette vanité!

Oliva se mit à rire.

— Oh! je sais bien de quoi vous riez, dit gravement l'inconnu. Vous riez de ce qu'un homme qui prétend tout savoir, vous accuse d'avoir été dix ans fidèle, quand vous ne vous doutiez pas vous être rendue coupable d'un pareil ridicule. Oh! mon Dieu! s'il est question de fidélité matérielle, pauvre jeune femme, je sais à quoi m'en tenir là-dessus. Oui, je sais que vous avez été en Portugal avec Beausire, que vous y êtes restée deux ans, que de là vous êtes passée dans l'Inde, sans Beausire, avec un capitaine de frégate, qui vous cacha dans sa cabine, et vous oublia à Chandernagor, en terre ferme, au moment où il revint en Europe. Je sais que vous avez eu deux millions de roupies à dépenser dans la maison d'un nabab, qui vous enfermait sous trois grilles. Je sais que vous avez fui en sautant par-dessus ces grilles sur les épaules d'un esclave. Je sais enfin que, riche, car vous aviez emporté deux bracelets de perles fines, deux diamants et trois gros rubis, vous revîntes en France, à Brest, où, sur le port, votre mauvais génie vous fit, au débarquer, retrouver Beausire, lequel faillit s'évanouir en vous reconnaissant vous-même, toute bronzée et amaigrie que vous reveniez en France, pauvre exilée!

— Oh! fit Nicole, qui êtes-vous donc, mon Dieu! pour savoir toutes ces choses?

— Je sais enfin que Beausire vous emmena, vous prouva qu'il vous aimait, vendit vos pierreries et vous réduisit à la misère.... Je sais que vous l'aimez, que vous le dites, du moins, et que comme l'amour est la source de tout bien, vous devez être la plus heureuse femme qui soit au monde.

Oliva baissa la tête, appuya son front sur sa main, et à travers les doigts de cette main, on vit rouler deux larmes, perles liquides, plus précieuses peut-être que celles de ses bracelets, et que cependant personne, hélas! n'eût voulu acheter à Beausire.

— Et cette femme si fière, cette femme si heureuse, dit-elle, vous l'avez acquise ce soir pour une cinquantaine de louis.

— Oh! c'est trop peu, madame, je le sais bien, dit l'inconnu avec cette grâce exquise et cette courtoisie parfaite qui n'abandonne jamais l'homme comme il faut, parlât-il à la plus infime des courtisanes.

— Oh! c'est beaucoup trop cher, monsieur, au contraire; et cela m'a étrangement surpris, je vous le jure, qu'une femme comme moi valût encore cinquante louis.

— Vous valez bien plus que cela, et je

vous le prouverai. Oh! ne me répondez rien, car vous ne me comprenez pas; et puis, ajouta l'inconnu en se penchant de côté...

— Et puis?

— Et puis, en ce moment, j'ai besoin de toute mon attention.

— Alors je dois me taire.

— Non, tout au contraire, parlez-moi.

— De quoi?

— Oh! de ce que vous voudrez, mon Dieu. Dites-moi les choses les plus oiseuses de la terre, peu m'importe, pourvu que nous ayons l'air occupés.

— Soit ; mais vous êtes un homme singulier.

— Donnez-moi le bras et marchons.

Et ils marchèrent dans les groupes, elle cambrant sa fine taille et donnant à sa tête élégante, même sous le capuce, à son col flexible, même sous le domino, des mouvements que tout connaisseur regardait avec envie ; car, au bal de l'Opéra, en ce temps de galantes prouesses, le passant suivait de l'œil une marche de femme aussi curieusement qu'aujourd'hui quelques amateurs suivent le train d'un beau cheval.

Oliva, au bout de quelques minutes, hasarda une question.

— Silence! dit l'inconnu, ou plutôt parlez, si vous voulez, tant que vous voudrez; mais ne me forcez pas à répondre. Seulement, tout en parlant, déguisez votre voix, tenez la tête droite, et grattez-vous le col avec votre éventail.

Elle obéit.

— En ce moment nos deux promeneurs passaient contre un groupe tout parfumé, au centre duquel un homme d'une taille élégante, d'une tournure svelte et libre, parlait à trois compagnons qui paraissaient l'écouter respectueusement.

— Qui donc est ce jeune homme? demanda Oliva; oh! le charmant domino gris-perle.

— C'est M. le comte d'Artois, répondit l'inconnu; mais ne parlez plus, par grâce!

Au moment où Oliva, toute stupéfaite du grand nom que venait de proférer son domino bleu, se rangeait pour mieux voir et se tenait droite, suivant la recommandation plusieurs fois répétée, deux autres dominos se débarrassant d'un groupe bavard et bruyant se réfugièrent près du pourtour, à un endroit où les banquettes manquaient.

Il y avait là une sorte d'îlot désert, que mordaient par intervalles les groupes de promeneurs refoulés du centre à la circonférence.

— Adossez-vous sur ce pilier, comtesse, dit tout bas une voix qui fit impression sur le domino bleu.

Et presque au même instant un grand

domino orange, dont les allures hardies révélaient l'homme utile plutôt que le courtisan agréable, fendit la foule et vint dire au domino bleu :

— C'est lui.

— Bien, répliqua celui-ci. Et du geste il congédia le domino jaune.

— Ecoutez-moi, fit-il alors à l'oreille d'Oliva, ma bonne petite amie, nous allons commencer à nous réjouir un peu.

— Je le veux bien, car vous m'avez deux fois attristée, la première en m'ôtant Beausire, qui me fait rire toujours, la seconde en me parlant de Gilbert, qui me fit tant de fois pleurer.

— Je serai pour vous et Gilbert et Beausire, dit gravement le domino bleu.

— Oh! soupira Nicole.

— Je ne vous demande pas de m'aimer, comprenez cela ; je vous demande de recevoir la vie telle que je vous la ferai, c'est-à-dire l'accomplissement de toutes vos fantaisies, pourvu que de temps en temps vous souscriviez aux miennes. Or, en voici une que j'ai.

— Laquelle?

—Le domino noir que vous voyez, c'est un Allemand de mes amis.

—Ah!

—Un perfide qui m'a refusé de venir au bal sous prétexte d'une migraine.

—Et à qui, vous aussi, avez dit que vous n'iriez point.

—Précisément.

—Il a une femme avec lui?

—Oui.

—Qui?

—Je ne la connais pas. Nous allons

nous approcher, n'est-ce pas? Nous feindrons que vous êtes une Allemande; vous n'ouvrirez pas la bouche, de peur qu'il ne reconnaisse à votre accent que vous êtes une Parisienne pure.

— Très bien. Et vous l'intriguerez?

— Oh! je vous en réponds. Tenez, commencez à me le désigner du bout de votre éventail.

— Comme cela?

— Oui, très bien; et parlez-moi à l'oreille.

Oliva obéit avec une docilité et une

intelligence qui charmèrent son compagnon.

Le domino noir, objet de cette démonstration, tournait le dos à la salle ; il causait avec la dame sa compagne. Celle-ci, dont les yeux étincelaient sous le masque, aperçut le geste d'Oliva.

— Tenez, dit-elle tout bas, Monseigneur, il y a là deux masques qui s'occupent de nous.

— Oh! ne craignez rien, comtesse; impossible qu'on nous reconnaisse. Laissez-moi, puisque nous voilà en chemin de perdition, laissez-moi vous répéter que jamais taille ne fût enchanteresse comme la vôtre, jamais regard aussi brûlant; permettez-moi de vous dire...

— Tout ce qu'on dit sous le masque.

— Non, comtesse; tout ce qu'on dit sous...

— N'achevez pas, vous vous damneriez... Et puis, danger plus grand, nos espions entendraient.

— Deux espions! s'écria le cardinal ému.

— Oui, les voilà qui se décident; ils s'approchent.

— Déguisez bien votre voix, comtesse, si l'on vous fait parler.

— Et vous, la vôtre, Monseigneur.

Oliva et son domino bleu s'approchaient en effet.

Celui-ci s'adressant au cardinal :

— Masque, dit-il.

Et il se pencha à l'oreille d'Oliva qui lui fit un signe affirmatif.

— Que veux-tu? demanda le cardinal en déguisant sa voix.

— Cette dame qui m'accompagne, répondit le domino bleu, me chargé de t'adresser plusieurs questions.

— Fais vite, dit M. de Rohan.

— Et qu'elles soient bien indiscrètes, ajouta d'une voix flûtée madame de La Mothe.

— Si indiscrètes, répliqua le domino bleu, que tu ne les entendras pas, curieuse.

— Et il se pencha encore à l'oreille d'Oliva qui joua le même jeu.

Alors l'inconnu, dans un allemand irréprochable, adressa au cardinal cette question :

— Monseigneur, est-ce que vous êtes amoureux de la femme qui vous accompagne?

Le cardinal tressaillit.

— N'avez-vous pas dit Monseigneur? répondit-il.

— Oui, Monseigneur.

— Vous vous trompez, alors, et je ne suis pas celui que vous croyez.

— Oh! que si fait, monsieur le cardinal; ne niez point; c'est inutile; quand bien même moi je ne vous connaîtrais pas, la dame à laquelle je sers de cavalier me charge de vous dire qu'elle vous reconnaît à merveille.

Il se pencha vers Oliva et lui dit tout bas :

— Faites signe que oui. Faites ce signe chaque fois que je vous serrerai le bras.

Elle fit ce signe.

— Vous m'étonnez, répondit le cardinal tout désorienté ; quelle est cette dame qui vous accompagne ?

— Oh ! Monseigneur, je croyais que vous l'aviez déjà reconnue. Elle vous a bien deviné. Il est vrai que la jalousie...

— Madame est jalouse de moi ! s'écria le cardinal.

— Nous ne disons pas cela, fit l'inconnu avec une sorte de hauteur.

— Que vous dit-on là? demanda vivement madame de La Mothe que ce dialogue allemand, c'est-à-dire inintelligible pour elle, contrariait au suprême degré.

— Rien, rien.

— Madame de La Mothe frappa du pied avec impatience.

— Madame, dit alors le cardinal à

Oliva, un mot de vous, je vous en prie, et je promets de vous deviner avec ce seul mot.

M. de Rohan avait parlé allemand. Oliva ne comprit pas un mot et se pencha vers le domino bleu.

— Je vous en conjure, s'écria celui-ci, Madame, ne parlez pas.

Ce mystère piqua la curiosité du cardinal. Il ajouta :

— Quoi ! un seul mot allemand ! cela compromettrait bien peu Madame.

Le domino bleu, qui feignait d'avoir

pris les ordres d'Oliva, répliqua aussitôt :

— Monsieur le cardinal, voici les propres paroles de madame : — Celui dont la pensée ne veille pas toujours, celui dont l'imagination ne remplace pas perpétuellement la présence de l'objet aimé, celui-là n'aime pas ; il aurait tort de le dire.

Le cardinal parut frappé du sens de ces paroles. Toute son attitude exprima au plus haut degré la surprise, le respect, l'exaltation du dévoûment, puis ses bras retombèrent.

— C'est impossible, murmura-t-il en français.

— Quoi donc impossible ? s'écria madame de La Mothe, qui venait de saisir avidement ces seuls mots échappés dans toute la conversation.

— Rien, Madame, rien.

— Monseigneur, en vérité, je crois que vous me faites jouer un triste rôle, dit-elle avec dépit.

Et elle quitta le bras du cardinal. Celui-ci non-seulement ne le reprit pas, mais il parut ne pas l'avoir remarqué, tant fut grand son empressement auprès de la dame allemande.

— Madame, dit-il à cette dernière, toujours raide et immobile derrière son rempart de satin, ces paroles que votre compagnon m'a dites en votre nom... ce sont des vers allemands que j'ai lus dans une maison connue de vous, peut-être ?

L'inconnu serra le bras d'Oliva.

— Oui, fit-elle de la tête.

Le cardinal frissonna.

— Cette maison, dit-il en hésitant ne s'appelle-t-elle pas Schœnbrunn ?

— Oui, fit Oliva.

— Ils furent écrits sur une table de merisier avec un poinçon d'or par une main auguste ?

— Oui, fit Oliva.

Le cardinal s'arrêta. Une sorte de révolution venait de s'opérer en lui. Il chancela et étendit la main pour chercher un point d'appui.

Madame de La Mothe guettait à deux pas le résultat de cette scène étrange.

Le bras du cardinal se posa sur celui du domino bleu.

— Et, dit-il, en voici la suite...

« Mais celui-là qui voit partout l'objet aimé, qui le devine à une fleur, à un parfum, sous des voiles impénétrables, celui-là peut se taire, sa voix est dans son cœur. il suffit qu'un autre cœur l'entende pour qu'il soit heureux. »

— Ah! çà, mais on parle allemand, par ici ! dit tout à coup une voix jeune et fraîche partie d'un groupe qui avait rejoint le cardinal. Voyons donc un peu cela, vous comprenez l'allemand, vous, maréchal?

— Non, Monseigneur.

— Mais vous, Charny?

— Oh! oui, Votre Altesse.

— M. le comte d'Artois, dit Oliva en se serrant contre le domino bleu, car les quatre masques venaient de la serrer un peu cavalièrement.

A ce moment, l'orchestre éclatait en fanfares bruyantes, et la poudre du parquet, la poudre des coiffures montaient en nuages irisés jusqu'au-dessus des lustres enflammés qui doraient ce brouillard d'ambre et de rose.

Dans le mouvement que firent les masques, le domino bleu se sentit heurté.

— Prenez garde! Messieurs, dit-il d'un ton d'autorité.

— Monsieur, répliqua le prince toujours masqué, vous voyez bien qu'on nous pousse. Excusez-nous, Mesdames.

— Partons, partons, monsieur le Cardinal, dit tout bas madame de La Mothe.

Aussitôt le capuchon d'Oliva fut froissé, tiré en arrière par une main invisible, son masque dénoué tomba; ses traits apparurent une seconde dans la pénombre de l'entablement formé par la première galerie au-dessus du parterre.

Le domino bleu poussa un cri d'inquiétude affectée ; Oliva, un cri d'épouvante.

Trois ou quatre cris de surprise répondirent à cette double exclamation.

Le cardinal faillit s'évanouir. S'il fût tombé à ce moment, il fût tombé à genoux. Madame de La Mothe le soutint.

Un flot de masques, emportés par le courant, venait de séparer le comte d'Artois du cardinal et de madame de La Mothe.

Le domino bleu, qui, rapide comme l'éclair, venait de rabaisser le capuchon d'Oliva et rattacher le masque, s'approcha du cardinal en lui serrant la main.

— Voilà, Monsieur, lui dit-il, un malheur irréparable; vous voyez que l'honneur de cette dame est à votre merci.

— Oh! Monsieur, Monsieur,... murmura le prince Louis en s'inclinant.

Et il passa sur son front ruisselant de sueur un mouchoir qui tremblait dans sa main.

Partons vite, dit le domino bleu à Oliva.

Et ils disparurent.

— Je sais à présent ce que le cardinal

croyait être impossible, se dit madame de La Mothe ; il a pris cette femme pour la reine, et voilà l'effet que produit sur lui cette ressemblance. Bien ; encore une observation à conserver.

— Voulez-vous que nous quittions le bal, comtesse? dit M. de Rohan d'une voix affaiblie.

—Comme il vous plaira, Monseigneur, répondit tranquillement Jeanne.

— Je n'y vois pas grand intérêt, n'est-ce pas?

— Oh! non, je n'y en vois plus.

Et ils se frayèrent péniblement un chemin à travers les causeurs. Le cardinal, qui était de haute taille, regardait partout s'il retrouverait la vision disparue.

Mais, dès-lors, dominos bleus, rouges, jaunes, verts et gris tourbillonnèrent à ses yeux dans la vapeur lumineuse, en confondant leurs nuances comme les couleurs du prisme. Tout fut bleu de loin pour le pauvre seigneur; rien ne le fut de près.

Il regagna dans cet état le carrosse qui l'attendait lui et sa compagne.

Ce carrosse roulait depuis cinq minutes, que le prélat n'avait pas encore adressé la parole à Jeanne.

VI

Sapho.

Madame de La Mothe, qui ne s'oubliait pas, elle, tira le prélat de la rêverie.

— Où me conduit cette voiture ; dit-elle.

— Comtesse, s'écria le cardinal, ne

craignez rien : vous êtes partie de votre maison. Eh bien ! le carrosse vous y ramène.

— Ma maison !... du faubourg ?

— Oui, comtesse... Une bien petite maison pour contenir tant de charmes !

En disant ces mots, le prince saisit une des mains de Jeanne et l'échauffa d'un baiser galant.

Le carrosse s'arrêta devant la petite maison où tant de charmes allaient essayer de tenir.

Jeanne sauta légèrement en bas de la

voiture; le cardinal se préparait à l'imiter.

— Ce n'est pas la peine, Monseigneur, lui dit tout bas ce démon femelle.

— Comment, comtesse, ce n'est pas la peine de passer quelques heures avec vous?

— Et dormir, Monseigneur, dit Jeanne.

— Je crois bien que vous trouverez plusieurs chambres à coucher chez vous, comtesse.

— Pour moi, oui, mais pour vous...

— Pour moi, non?

— Pas encore, dit-elle d'un air si gracieux et si provoquant que le refus valait une promesse.

— Adieu donc, répliqua le cardinal si vivement piqué au jeu, qu'il oublia un moment toute la scène du bal.

— Au revoir, Monseigneur.

— Au fait, je l'aime mieux ainsi, dit-il en partant.

Jeanne entra seule dans sa maison nouvelle.

Six laquais dont le sommeil avait été

interrompu par le marteau du coureur, s'alignèrent dans le vestibule.

Jeanne les regarda tous avec cet air de supériorité calme que la fortune ne donne pas à tous les riches.

— Et les femmes de chambre? dit-elle.

L'un des valets s'avança respectueusement.

— Deux femmes attendent, Madame, dans la chambre, dit-il.

— Appelez-les.

Le valet obéit. Deux femmes entrèrent quelques minutes après.

— Où couchez-vous d'ordinaire? leur demanda Jeanne.

— Mais... nous n'avons pas encore d'habitude, répliqua la plus âgée; nous coucherons où il plaira à Madame.

— Les clés des appartements?

— Les voici, Madame.

—Bien, pour cette nuit, vous coucherez hors de la maison.

— Les femmes regardèrent leur maîtresse avec surprise.

— Vous avez un gîte dehors?

— Sans doute, Madame, mais il est un peu tard; toutefois, si Madame veut être seule...

— Ces messieurs vous accompagneront, ajouta la comtesse en congédiant les six valets, plus satisfaits encore que les femmes de chambre.

— Et... quand reviendrons-nous? dit l'un d'eux avec timidité.

— Demain à midi.

Les six valets et les deux femmes se regardèrent un instant; puis, tenus en échec par l'œil impérieux de Jeanne, ils se dirigèrent tous vers la porte.

Jeanne les reconduisit, les mit dehors, et, avant de fermer la porte :

— Reste-t-il encore quelqu'un dans la maison? dit-elle.

— Mon Dieu! non, Madame, il ne restera personne. C'est impossible que Madame demeure ainsi abandonnée; au moins faut-il qu'une femme veille dans les communs, dans les offices, n'importe où, mais qu'elle veille.

— Je n'ai besoin de personne.

— Il peut survenir le feu, Madame peut se trouver mal.

— Bonne nuit, allez tous.

— Elle tira sa bourse :

— Et voilà pour que vous étrenniez mon service, dit-elle.

Un murmure joyeux, un remercîment de valets de bonne compagnie, fut la seule réponse, le dernier mot des valets. Tous disparurent en saluant jusqu'à terre.

Jeanne les écouta de l'autre côté de la porte : ils se répétaient l'un à l'autre que le sort venait de leur donner une fantasque maîtresse.

Lorsque le bruit des voix et le bruit des pas se fut amorti dans le lointain, Jeanne poussa les verroux, et dit, d'un air triomphant :

— Seule ! je suis seule ici chez moi !

Elle alluma un flambeau à trois branches aux bougies qui brûlaient dans le vestibule, et ferma également les verroux de la porte massive de cette antichambre.

Alors commença une scène muette et singulière qui eût bien vivement intéressé l'un de ces spectateurs nocturnes que les fictions du poète ont fait planer au-dessus des villes et des palais.

Jeanne visitait ses états; elle admirait, pièce à pièce, toute cette maison dont le moindre détail acquérait à ses yeux une immense valeur depuis que l'égoïsme du propriétaire avait remplacé la curiosité du passant.

Le rez-de-chaussée, tout calfeutré, tout boisé, renfermait la salle de bain, les offices, les salles à manger, trois salons et deux cabinets de réception.

Le mobilier de ces vastes chambres,

n'était pas riche comme celui de la Guimard ou coquet comme celui des amis de M. de Soubise, mais il sentait son luxe de grand seigneur ; il n'était pas neuf. La maison eût moins plu à Jeanne si elle eût été meublée de la veille exprès pour elle.

Toutes ces richesses antiques, dédaignées par les dames à la mode, ces merveilleux meubles d'ébène sculpté, ces lustres à girandoles de cristal, dont les branchages dorés lançaient du sein des bougies roses des lys brillants ; ces horloges gothiques, chefs-d'œuvre de ciselure et d'émail ; ces paravents brodés de figures chinoises, ces énormes potiches du Japon, gonflées de fleurs rares; ces dessus de porte en grisaille ou en couleur de Boucher ou de Watteau, jetaient la nouvelle propriétaire dans d'indicibles extases.

Ici, sur une cheminée, deux tritons dorés soulevaient des gerbes de corail, aux branches desquelles s'accrochaient comme des fruits toutes les fantaisies de la joaillerie de l'époque. Plus loin, sur une console de bois doré à dessus de marbre blanc, un énorme éléphant de Céladon, aux oreilles chargées de pendeloques de saphir, supportait une tour, pleine de parfums et de flacons.

Des livres de femmes dorés et enluminés brillaient sur des étagères de bois de rose à coins d'arabesques d'or.

Un meuble tout entier de fines tapisseries des Gobelins, chef-d'œuvre de patience qui avait coûté cent mille livres à la manufacture même, remplissait un petit salon gris et or, dont chaque panneau était une toile oblongue peinte par Vernet ou par Greuze. Le cabinet de travail était rempli des meilleurs portraits de Chardin, des plus fines terres cuites de Clodion.

Tout témoignait, non pas de l'empressement qu'un riche parvenu met à satisfaire sa fantaisie ou celle de sa maîtresse, mais du long, du patient travail de ces riches séculaires qui entassent sur les trésors de leurs pères des trésorts pour leurs enfants.

Jeanne examina d'abord l'ensemble, elle dénombra les pièces; puis elle se rendit compte des détails.

Et comme son domino la gênait, et comme son corps de baleine la serrait, elle entra dans sa chambre à coucher, se déshabilla rapidement et revêtit un peignoir de soie ouatée, charmant habit que nos mères, peu scrupuleuses quand il s'agissait de nommer les choses utiles, avaient désigné par une appellation que nous ne pouvons plus écrire.

Frissonnante, demi-nue dans le satin qui caressait son sein et sa taille, sa jambe fine et nerveuse cambrée dans les plis de sa robe courte, elle montait hardiment les degrés, sa lumière à la main.

Familiarisée avec la solitude, sûre de n'avoir plus à redouter le regard même d'un valet, elle bondissait de chambre en chambre, laissant flotter au gré du vent qui sifflait sous les portes son fin peignoir de batiste relevé dix fois en dix minutes sur son genou charmant.

Et quand pour ouvrir une armoire elle élevait le bras, quand la robe s'écartant laissait voir la blanche rotondité de l'épaule, jusqu'à la naissance du bras, que dorait un rutilant reflet de lumière, familier aux pinceaux de Rubens, alors les esprits invisibles cachés sous les tentures, abrités derrière les panneaux peints, devaient se réjouir d'avoir en leur possession cette charmante hôtesse qui croyait les posséder.

Une fois, après toutes ses courses, épuisée, haletante, sa bougie aux trois quarts consumée, elle rentra dans la chambre à coucher, tendue de satin bleu, brodé de larges fleurs toutes chimériques.

Elle avait tout vu, tout compté, tout caressé du regard et du toucher, il ne lui restait plus à admirer qu'elle-même.

Elle posa la bougie sur un guéridon de Sèvres à galerie d'or ; et tout-à-coup ses yeux s'arrêtèrent sur un Endymion de marbre, délicate et voluptueuse figure de Bouchardon, qui se renversait ivre d'amour sur un socle de porphyre rouge-brun.

Jeanne alla fermer la porte et les portières de sa chambre, tira les rideaux épais, revint en face de la statue et dévora des regards ce bel amant de Phœbé qui lui donnait le dernier baiser en remontant vers le ciel.

Le feu rouge, réduit en braise, échauffait cette chambre, où tout vivait excepté le plaisir.

Jeanne sentit ses pieds s'enfoncer doucement dans la haute laine si moëlleuse du tapis; ses jambes vacillaient et pliaient sous elle, une langueur qui n'était pas la fatigue ou le sommeil pressait son sein et ses paupières avec la délicatesse d'un toucher d'amant, tandis qu'un feu qui n'était pas la chaleur de l'âtre montait de ses pieds à son corps, et, en montant, tordait dans ses veines toute l'électricité vivante qui, chez la bête, s'appelle le plaisir, chez l'homme, l'amour.

En ce moment de sensations étranges, Jeanne s'aperçut elle-même dans un trumeau placé derrière l'Endymion. Sa robe avait glissé de ses épaules sur le tapis. La batiste si fine avait, entraînée par le satin plus lourd, descendu jusqu'à la moitié des bras blancs et arrondis.

Deux yeux noirs, doux de mollesse, brillants de désir, les deux yeux de Jeanne frappèrent Jeanne au plus profond du cœur; elle se trouva belle, elle se sentit jeune et ardente; elle s'avoua que dans tout ce qui l'entourait, rien, pas même Phœbé, n'était aussi digne d'être aimée. Elle s'approcha du marbre pour voir si l'Éndymion s'animait, et si pour la mortelle il dédaignerait la déesse.

Ce transport l'enivra; elle pencha la tête sur son épaule avec des frémissements inconnus, appuya ses lèvres sur sa chair palpitante, et comme elle n'avait pas cessé de plonger son regard, à elle, dans les yeux qui l'appelaient dans la glace, tout-à-coup ses yeux s'allanguirent, sa tête roula sur sa poitrine avec un soupir, et Jeanne alla tomber, endormie, inanimée, sur le lit, dont les rideaux s'inclinèrent au-dessus d'elle.

La bougie lança un dernier jet de flamme du sein d'une nappe de cire liquide, puis exhala son dernier parfum, avec sa dernière clarté.

VII

L'Académie de M. de Beausire.

Beausire avait pris à la lettre le conseil du domino bleu ; il s'était rendu à ce qu'on appelait son académie.

Le digne ami d'Oliva, affriandé par le chiffre énorme de deux millions, redoutait bien plus encore la sorte d'exclusion que ses collègues avaient faite de lui dans la soirée en ne lui donnant pas communication d'un plan aussi avantageux.

Il savait qu'entre gens d'Académie on ne se pique pas toujours de scrupule, et c'était pour lui une raison de se hâter, les absents ayant toujours tort quand ils sont absents par hasard, et bien plus tort encore lorsque l'on profite de leur absence.

Beausire s'était fait, parmi les associés de l'Académie, une réputation d'homme terrible. Cela n'était pas étonnant ni difficile. Bausire avait été exempt; il avait porté l'uniforme; il savait mettre une main sur la hanche, l'autre sur la garde de l'épée. Il avait l'habitude, au moindre mot, d'enfoncer son chapeau sur ses yeux. Toutes façons qui pour des gens médiocrement braves paraissaient assez effrayantes, surtout si ces gens ont à redouter l'éclat d'un duel et les curiosités de la justice.

Beausire comptait donc se venger du dédain qu'on avait professé pour lui, en faisant quelque peur aux confrères du tripot de la rue du Pot-de-Fer.

De la porte Saint-Martin à l'église Saint-Sulpice, il y a loin ; mais Beausire était riche ; il se jeta dans un fiacre et promit cinquante sols au cocher, c'est-à-dire une gratification d'une livre. La course nocturne valant d'après le tarif de cette époque ce qu'elle vaut aujourd'hui pendant le jour.

Les chevaux partirent rapidement. Beausire se donna un petit air furibond, et à défaut du chapeau qu'il n'avait pas, puisqu'il portait un domino; à défaut de l'épée, il se composa une mine assez hargneuse pour donner de l'inquiétude à tout passant attardé.

Son entrée dans l'Académie produisit une certaine sensation.

Il y avait là, dans le premier salon, un beau salon tout gris avec un lustre et force tables de jeu, il y avait, disons-nous, une vingtaine de joueurs qui buvaient de la bière et du sirop, en souriant du bout des dents à sept ou huit femmes affreusement fardées qui regardaient les cartes.

On jouait le pharaon à la principale table ; les enjeux étaient maigres, l'animation en proportion des enjeux.

A l'arrivée du domino, qui froissait son coqueluchon en se cambrant dans les plis de la robe, quelques femmes se mirent à ricanner, moitié raillerie, moitié agacerie. M. Beausire était un bellâtre, et les dames ne le maltraitaient pas.

Cependant il s'avança comme s'il n'avait rien entendu, rien vu, et une fois près de la table, il attendit en silence une réplique à sa mauvaise humeur.

Un des joueurs, espèce de vieux financier équivoque dont la figure ne manquait pas de bonhomie, fut la première voix qui décida Beausire.

— Corbleu, chevalier, dit ce brave homme, vous arrivez du bal avec une figure renversée.

— C'est vrai, dirent les dames.

— Eh! cher chevalier, demanda un

autre joueur, le domino vous blesse-t-il à la tête?

— Ce n'est pas le domino qui me blesse, répondit Beausire avec dureté.

— Là, là, fit le banquier qui venait de râcler une douzaine de louis, M. le chevalier de Beausire nous a fait une infidélité : ne voyez-vous pas qu'il a été au bal de l'Opéra, qu'aux environs de l'Opéra il a trouvé quelque bonne mise à faire et qu'il a perdu.

Chacun rit ou s'apitoya, suivant son caractère; les femmes eurent compassion.

— Il n'est pas vrai de dire que j'aie fait des infidélités à mes amis, répliqua Beausire, j'en suis incapable, des infidélités, moi! C'est bon pour certaines gens de ma connaissance de faire des infidélités à leurs amis. Et, pour donner plus de poids à sa parole, il eut recours au geste, c'est-à-dire qu'il voulut enfoncer son chapeau sur sa tête. Malheureusement, il n'applatit qu'un morceau de soie qui lui donna une largeur ridicule, ce qui fit qu'au lieu d'un effet sérieux, il ne produisit qu'un effet comique.

— Que voulez-vous dire, cher chevalier? demandèrent deux ou trois de ses associés.

— Je sais ce que je veux dire, répondit Beausire.

— Mais cela ne nous suffit pas, à nous, fit observer le vieillard de belle humeur.

— Cela ne vous regarde pas, vous, monsieur le financier, repartit maladroitement Beausire.

Un coup-d'œil assez expressif du banquier avertit Beausire que sa phrase avait été déplacée. — En effet, il ne fallait pas opérer de démarcation dans cette audience entre ceux qui payaient et ceux qui empochaient l'argent.

Beausire le comprit, mais il était lancé ; les faux braves s'arrêtent plus difficilement que les braves éprouvés.

— Je croyais avoir des amis ici, dit-il.

— Mais... oui, répondirent plusieurs voix.

— Eh bien ! je me suis trompé.

— En quoi ?

— En ceci : que beaucoup de choses se font sans moi.

Nouveau signe du banquier, nouvelles protestations de ceux des associés qui étaient présents.

— Il suffit que je sache, dit Beausire, et les faux-amis seront punis.

Il chercha la poigné de l'épée, mais ne trouva que son gousset, lequel était plein de louis et rendit un son révélateur

— Oh! oh! s'écrièrent deux dames, M. de Beausire est en bonne disposition ce soir.

— Mais, oui, répondit sournoisement le banquier; il me paraît que s'il a perdu, il n'a pas perdu tout, et que, s'il a fait infidélité aux légitimes, ce n'est pas une infidélité sans retour. Voyons, pontez, cher chevalier.

— Merci ! dit sèchement Beausire, puisque chacun garde ce qu'il a, je garde aussi.

— Que diable veux-tu dire ? lui glissa à l'oreille un des joueurs.

— Nous nous expliquerons tout à l'heure.

—Jouez donc, dit le banquier.

— Un simple louis dit une dame en caressant l'épaule de Beausire pour se rapprocher le plus possible du gousset.

— Je ne joue que des millions, dit

Beausire avec audace, et, vraiment, je ne conçois pas qu'on joue ici de misérables louis. Des millions ! — Allons, messieurs du Pot-de-Fer, puisqu'il s'agit de millions sans qu'on s'en doute, à bas les enjeux d'un louis ! Des millions, millionnaires !

Beausire en était à ce moment d'exaltation qui pousse l'homme au-delà des bornes du sens commun. Une ivresse plus dangereuse que celle du vin l'animait. Tout à coup il reçut par derrière, dans les jambes, un coup assez violent pour s'interrompre soudain.

Il se retourna et vit à ses côtés une

grande figure olivâtre, raide et trouée, aux deux yeux noirs lumineux comme des charbons ardents.

Au geste de colère que fit Beausire, ce personnage étrange répondit par un salut cérémonieux accompagné d'un regard long comme une rapière.

— Le Portugais! dit Beausire stupéfait de cette salutation d'un homme qui venait de lui appliquer une bourrade.

— Le Portugais! répétèrent les dames qui abandonnèrent Beausire pour aller papillonner autour de l'étranger.

Ce Portugais était, en réalité, l'enfant

chéri de ces dames, auxquelles, sous prétexte qu'il ne parlait pas français, il apportait constamment des friandises, quelquefois enveloppées dans des billets de caisse de cinquante à soixante livres.

Beausire connaissait ce Portugais pour un des associés. Le Portugais perdait toujours avec les habitués du tripot. Il fixait ses mises à une centaine de louis par semaine, et régulièrement les habitués lui emportaient ses cent louis.

C'était l'amorceur de la société. — Tandis qu'il se laissait dépouiller de cent plumes dorées, les autres confrères dépouillaient les joueurs alléchés.

Aussi, le Portugais était-il considéré par les associés, comme l'homme utile; par les habitués, comme l'homme agréable. Beausire avait pour lui cette considération tacite qui s'attache toujours à l'inconnu, — quand même la défiance y entrerait pour quelque chose.

Beausire, ayant donc reçu le petit coup de pied que le Portugais lui venait d'appliquer dans les mollets, attendit, se tut et s'assit.

Le Portugais prit place au jeu, mit

vingt louis sur la table, et en vingt coups, qui durèrent un quart-d'heure à se débattre, il fut débarrassé de ses vingt louis par six pontes affamés qui oublièrent un moment les coups de griffes du banquier et des autres compères.

L'horloge sonna trois heures du matin, Beausire achevait un verre de bière.

Deux laquais entrèrent, le banquier fit tomber son argent dans le double fond de la table, car les statuts de l'association étaient si empreints de confiance envers les membres que jamais l'on ne remettait à l'un d'eux le maniement complet des fonds de la société.

L'argent tombait donc à la fin de la séance, par un petit guichet, dans le double fond de la table, et il était ajouté en post-scriptum à cet article des statuts que jamais le banquier n'aurait de manches longues, comme aussi il ne pourrait jamais porter d'argent sur lui.

Ce qui signifiait qu'on lui interdisait de faire passer une vingtaine de louis dans ses manches, et que l'assemblée se réservait le droit de le fouiller pour lui enlever l'or qu'il aurait su faire couler dans ses poches.

Les laquais, disons-nous, apportèrent aux membres du cercle les houppelandes, les mantes et les épées ; plusieurs des joueurs heureux donnèrent le bras aux dames ; les malheureux se guindèrent dans une chaise à porteurs, encore de mode en ces quartiers paisibles, et la nuit se fit dans le salon de jeu.

Beausire, aussi, avait paru s'envelopper dans son domino, comme pour faire un voyage éternel ; mais il ne passa pas le premier étage, et la porte s'étant refermée, tandis que les fiacres, les chaises et les piétons disparaissaient, il rentra dans le salon où douze des associés venaient de rentrer aussi.

— Nous allons nous expliquer, dit Beausire, enfin.

— Rallumez votre quinquet et ne parlez pas si haut, lui dit froidement et en bon français le Portugais, qui de son côté allumait une bougie placée sur la table.

Beausire grommela quelques mots, auxquels personne ne fit attention. Le Portugais s'assit à la place du banquier. On examina si les volets, les rideaux et les portes étaient soigneusement fermés. On s'assit doucement, les coudes sur le tapis, avec une curiosité dévorante.

— J'ai une communication à faire, dit

le Portugais; heureusement, suis-je arrivé à temps, car M. de Beausire est démangé, ce soir, par une intempérance de langue...

Beausire voulut s'écrier.

— Allons! paix! fit le Portugais; pas de paroles perdues. Vous avez prononcé des mots qui sont plus qu'imprudents. Vous avez eu connaissance de mon idée, c'est bien. Vous êtes homme d'esprit, vous pouvez l'avoir devinée; mais il me semble que jamais l'amour-propre ne doit primer l'intérêt.

— Je ne comprends pas, dit Beausire.

— Nous ne comprenons pas, dit la respectable assemblée.

— Si fait. M. de Beausire a voulu prouver que le premier il avait trouvé l'affaire.

— Quelle affaire? dirent les intéressés.

— L'affaire des deux millions, s'écria Beausire avec emphase.

— Deux millions! firent les associés.

— Et d'abord, se hâta de dire le Portugais, vous exagérez; il est impossible que l'affaire aille là. Je vais le prouver à l'instant.

— Nul ici ne sait ce que vous voulez dire, exclama le banquier.

— Oui, mais nous n'en sommes pas moins tout oreilles, ajouta un autre.

— Parlez le premier, dit Beausire.

— Je le veux bien.

Et le Portugais se versa un immense verre de sirop d'orgeat qu'il but tranquillement sans rien changer à ses allures d'homme glacé.

— Sachez, dit-il, je ne parle pas pour M. de Beausire, que le collier ne vaut pas plus de quinze cent mille livres.

— Ah! s'il s'agit d'un collier, dit Beausire.

— Oui, Monsieur, n'est-ce pas là votre affaire?

— Peut-être.

— Il va faire le discret après avoir fait l'indiscret.

Et le Portugais haussa les épaules.

— Je vous vois à regret prendre un ton qui me déplaît, dit Beausire, avec l'accent d'un coq qui monte sur ses éperons.

— Mira! mira! dit le Portugais froid

comme un marbre, vous direz après ce que vous direz, je dis avant ce que j'ai à dire, et le temps presse, car vous devez savoir que l'ambassadeur arrive dans huit jours au plus tard.

— Cela se complique, pensa l'assemblée palpitante d'intérêt : le collier, les quinze cent mille livres, un ambassadeur... qu'est-ce cela ?

— En deux mots, voici, fit le Portugais. MM. Bœhmer et Bossange ont fait offrir à la reine un collier de diamants qui vaut quinze cent mille livres. La reine a refusé. Les joailliers ne savent qu'en faire et le cachent. Ils sont bien embarrassés, car ce collier ne peut être acheté que par une fortune royale ; eh bien ! j'ai trouvé la personne royale qui achètera ce collier et le fera sortir du coffre-fort de MM. Bœhmer et Bossange.

— C'est... dirent les associés.

— C'est ma gracieuse souveraine, la reine de Portugal.

Et le Portugais se rengorgea.

— Nous comprenons moins que jamais, dirent les associés.

— Moi, je ne comprends plus du tout, pensa Beausire.

— Expliquez-vous nettement, cher monsieur Manoël, dit-il, car les dissentiments particuliers doivent céder devant l'intérêt public. Vous êtes le père de l'idée, je le reconnais franchement. Je renonce à tout droit de paternité, mais, pour l'amour de Dieu ! soyez clair.

— A la bonne heure, fit Manoël en avalant une deuxième jatte d'orgeat. Je vais rendre cette question limpide.

— Nous sommes déjà certains qu'il existe un collier de quinze cent mille livres, dit le banquier. Voilà un point important.

— Et ce collier est dans le coffre de

MM. Bœhmer et Bossange. Voilà le second point dit Beausire.

— Mais don Manoël a dit que Sa Majesté la reine de Portugal achetait le collier. Voilà ce qui nous déroute.

— Rien de plus clair pourtant, dit le Portugais. Il ne s'agit que de faire attention à mes paroles. L'ambassade est vacante. Il y a intérim; l'ambassadeur nouveau, M. de Souza, n'arrive que dans huit jours au plus tôt.

— Bon, dit Beausire.

— En huit jours, qui empêche que cet

ambassadeur pressé de voir Paris n'arrive et ne s'installe ?

Les assistants s'entre-regardèrent bouche béante.

— Comprenez donc, fit vivement Beausire, don Manoël veut vous dire qu'il peut arriver un ambassadeur vrai ou faux.

— Précisément, ajouta le Portugais. Si l'ambassadeur qui se présentera avait envie du collier pour Sa Majesté la reine de Portugal, n'en a-t-il pas le droit ?

— Pardieu ! firent les assistants.

— Et alors il traite avec MM. Bœhmer et Bossange. Voilà tout.

— Absolument tout.

— Seulement, il faut payer quand on a traité, fit observer le banquier du pharaon.

— Ah! dam, oui, répliqua le Portugais.

— MM. Bœhmer et Bossange ne laisseront pas aller le collier dans les mains d'un ambassadeur, fût-ce un vrai Souza, sans avoir de bonnes garanties.

— Oh! j'ai bien pensé à une garantie, objecta le futur ambassadeur.

— Laquelle?

— L'ambassade, avons-nous dit, est déserte?

— Oui.

— Il n'y reste plus qu'un chancelier, brave homme de Français, qui parle la langue portugaise aussi mal qu'homme du monde, et qui est enchanté quand les Portugais lui parlent français, parce qu'il ne souffre pas; quand les Français lui parlent portugais parce qu'il brille.

— Eh bien? fit Beausire.

— Eh bien! Messieurs, nous nous présenterons à ce brave homme avec tous les dehors de la légation nouvelle.

— Les dehors sont bons, dit Beausire, mais les papiers valent mieux.

— On aura les papiers, répliqua laconiquement don Manoël.

— Il serait inutile de contester que don Manoël soit un homme précieux, dit Beausire.

— Les dehors et les papiers ayant convaincu le chancelier de l'identité de la légation, nous nous installons à l'ambassade.

— Oh! oh! c'est fort, interrompit Beausire.

— C'est forcé, continua le Portugais.

— C'est tout simple, affirmèrent les autres associés.

— Mais le chancelier? objecta Beausire.

— Nous l'avons dit : Convaincu.

— Si par hasard il devenait moins crédule, — dix minutes avant qu'il doutât, on le congédierait. Je pense qu'un ambassadeur a le droit de changer son chancelier?

— Evidemment.

— Donc, nous sommes maîtres de l'ambassade, et notre première opération, c'est d'aller rendre visite à MM. Bœhmer et Bossange.

— Non, non pas, dit vivement Beausire, vous me paraissez ignorer un point capital que je sais pertinemment, moi qui ai vécu dans les cours. C'est qu'une opération comme vous dites ne se fait pas par un ambassadeur sans que, préalablement à toute démarche, il n'ait été reçu en audience solennelle, et là, ma foi, il y a un danger. Le fameux Riza-Bey, qui fut admis devant Louis XIV en qualité d'ambassadeur du shah de Perse, et qui eut l'aplomb d'offrir à Sa Majesté très chrétienne pour trente francs de turquoises, Riza-Bey, dis-je, était très fort sur la langue persane, et du diable s'il y avait en France des savants capables de lui prouver qu'il ne venait pas d'Ispahan. Mais nous serions reconnus tout de suite. On nous dirait à l'instant même que nous parlons le portugais en pur gaulois, et pour le cadeau de protestation, on nous enverrait à la Bastille. Prenons garde.

— Votre imagination vous entraîne trop loin, cher collègue, dit le Portugais, nous ne nous jetterons pas au-devant de tous ces dangers ; nous resterons chacun dans notre hôtel.

—Alors, M. Bœhmer ne nous croira pas aussi Portugais, aussi ambassadeur qu'il serait besoin.

— M. Bœhmer comprendra que nous venions en France avec la mission toute simple d'acheter le collier, l'ambassadeur ayant été changé pendant que nous étions en chemin.

L'ordre seul de venir le remplacer nous a été remis. Cet ordre, eh bien! on le montrera s'il le faut à M. Bossange, puisqu'on l'aura bien montré à M. le chancelier de l'ambassade ; seulement c'est aux ministres du roi qu'il faut tâcher de ne pas le montrer, cet ordre, car les ministres sont curieux, ils sont défiants, ils nous tracasseraient sur une foule de petits détails.

— Oh! oui, s'écria l'assemblée, ne nous mettons pas en rapport avec le ministère.

— Et si messieurs Bœhmer et Bossange demandaient...

— Quoi? fit don Manoël.

— Un à-compte, dit Beausire.

— Cela compliquerait l'affaire, fit le Portugais embarrassé.

— Car enfin, poursuivit Beausire, il est d'usage qu'un ambassadeur arrive avec des lettres de crédit, sinon avec de l'argent frais.

— C'est juste, dirent les associés.

— L'affaire manquerait là, continua Beausire.

— Vous trouvez toujours, dit Manoël avec une aigreur glaciale, des moyens pour faire manquer l'affaire. Vous n'en trouvez pas pour la faire réussir.

— C'est précisément parce que j'en veux trouver que je soulève des difficultés, répliqua Beausire. Et tenez, tenez, je les trouve :

Toutes les têtes se rapprochèrent dans un même cercle.

— Dans toute chancellerie il y a une caisse.

— Oui, une caisse et un crédit.

— Ne parlons pas du crédit, reprit Beausire, car rien n'est si cher à se procurer. Pour avoir du crédit, il nous faudrait des chevaux, des équipages, des valets, des meubles, un attirail, qui sont la base de tout crédit possible. Parlons de la caisse. Que pensez-vous de celle de votre ambassade ?

— J'ai toujours regardé ma souveraine, Sa Majesté Très-Fidèle, comme une magnifique reine. Elle doit avoir bien fait les choses.

— C'est ce que nous verrons; et puis, admettons qu'il n'y ait rien dans la caisse.

— C'est possible, firent en souriant les associés.

— Alors, plus d'embarras; car, aussitôt, nous, ambassadeur, nous demandons à messieurs Bœhmer et Bossange quel est leur correspondant à Lisbonne, et nous leur signons, nous leur estampillons, nous leur scellons des lettres de change sur ce correspondant pour la somme demandée.

— Ah! voilà qui est bien, dit don Manoël majestueusement préoccupé de l'invention, je n'avais pas descendu aux détails.

— Qui sont exquis, dit le banquier du Pharaon en passant sa langue sur ses lèvres.

— Maintenant, avisons à nous partager les rôles, dit Béausire. Je vois don Manoël dans l'ambassadeur.

— Oh! certes, oui, fit en chœur l'assemblée.

— Et je vois M. de Beausire dans mon secrétaire-interprète, ajouta don Manoël.

— Comment cela? reprit Beausire un peu inquiet.

— Il ne faut pas que je parle un mot de français, moi qui suis M. de Souza; car je le connais, ce seigneur, et si il parle, ce qui est rare, c'est tout au plus le portugais, sa langue naturelle. Vous, au contraire, monsieur de Beausire, qui avez voyagé, qui avez une grande habitude des transactions parisiennes, qui parlez agréablement le portugais...

— Mal, dit Beausire.

— Assez pour qu'on ne vous croie pas Parisien.

— C'est vrai... Mais...

— Et puis, ajouta don Manoël, en attachant son regard noir sur Béausire, aux plus utiles agents les plus gros bénéfices.

— Assurément, dirent les associés.

— C'est convenu, je suis secrétaire-interprète.

— Parlons-en tout de suite, interrompit le banquier ; comment divisera-t-on l'affaire ?

— Tout simplement, dit don Manoël, nous sommes douze.

— Oui, douze, dirent les associés en se comptant.

— Par douzièmes, alors, ajouta don Manoël, avec cette réserve toutefois que certains parmi nous auront une part et demie; moi, par exemple, comme père de l'idée et ambassadeur; M. de Beausire parce qu'il avait flairé le coup et parlé millions en arrivant ici.

Beausire fit un signe d'adhésion.

— Et enfin, dit le Portugais, une part et demie aussi à celui qui vendra les diamants.

— Oh! s'écrièrent tout d'une voix les

associés, rien à celui-là, rien qu'une demi-part.

— Pourquoi donc? fit don Manoël surpris; celui-là me semble risquer beaucoup.

— Oui, dit le banquier, mais il aura les pots-de-vin, les primes, les remises, qui lui constitueront un lopin distingué.

Chacun de rire : ces honnêtes gens se comprenaient à merveille.

— Voilà donc qui est arrangé, dit Beausire, à demain les détails, il est tard.

Il pensait à Oliva restée seule au bal

avec ce domino bleu, vers lequel, malgré sa facilité à donner des louis d'or, l'amant de Nicole ne se sentait pas porté par une confiance aveugle.

— Non, non, tout de suite finissons, dirent les associés, quels sont ces détails?

— Une chaise de voyage aux armes de Souza, dit Beausire.

— Ce sera trop long à peindre, fit don Manoël, et à sécher surtout.

— Un autre moyen alors, s'écria Beausire. La chaise de M. l'ambassadeur se sera brisée en chemin, et il aura été contraint de prendre celle de son secrétaire.

— Vous avez donc une chaise? vous! demanda le Portugais.

— J'ai la première venue.

— Mais vos armes?

— Les premières venues.

— Oh! cela simplifie tout. Beaucoup de poussière, d'éclaboussures sur les panneaux, beaucoup sur le derrière de la chaise, à l'endroit où sont les armoiries, et le chancelier n'y verra que de la poussière et des éclaboussures.

— Mais le reste de l'ambassade demanda le banquier.

— Nous autres, nous arriverons le soir, c'est plus commode pour un début, et vous, vous arriverez le lendemain, quand nous aurons déjà préparé les voies.

— Très bien.

— A tout ambassadeur, outre son secrétaire, il faut un valet de chambre, dit don Manoël, fonction délicate !

— Monsieur le commandeur, dit le banquier en s'adressant à l'un des aigrefins, vous prenez le rôle de valet de chambre.

Le commandeur s'inclina.

— Et des fonds pour les achats? dit don Manoël, moi je suis à sec.

— Moi j'ai de l'argent, dit Beausire, mais il est à ma maîtresse.

— Qu'y a-t-il en caisse? demandèrent les associés.

— Vos clés, Messieurs, dit le banquier.

Chacun des associés tira une petite clé

qui ouvrait un verrou sur douze, par lesquels se fermait le double fond de la fameuse table, en sorte que dans cette honnête société nul ne pouvait visiter la caisse sans la permission de ses onze collègues.

Il fut procédé à la vérification.

— Cent quatre-vingt-dix-huit louis au-dessus du fonds de réserve, dit le banquier qui avait été surveillé.

— Donnez-les à M. de Beausire et à moi, ce n'est pas trop? demanda Manoël.

— Donnez-en les deux tiers, laissez le

tiers au reste de l'ambassade, dit Beausire avec une générosité qui concilia tous les suffrages.

De cette façon, don Manoël et Beausire reçurent cent trente-deux louis d'or et soixante-six restèrent aux autres.

On se sépara, les rendez-vous pris pour le lendemain, Beausire se hâta de rouler son domino sous son bras et de courir rue Dauphine, où il espérait retrouver mademoiselle Oliva en possession de tout ce qu'elle avait de vertus anciennes et de nouveaux louis d'or.

VIII

L'Ambassadeur.

Le lendemain, vers le soir, une chaise de voyage arrivait par la barrière d'Enfer, assez poudreuse, assez éclaboussée pour que nul ne pût distinguer les armoiries.

Les quatre chevaux qui la menaient

brûlaient le pavé ; les postillons, comme on le dit, allaient un train de prince.

La chaise s'arrêta devant un hôtel d'assez belle apparence dans la rue de la Jussienne.

Sur la porte même de cet hôtel, deux hommes attendaient ; l'un, d'une mise assez recherchée pour annoncer la cérémonie, l'autre, dans une sorte de livrée banale comme en ont eu de tous temps les officiers publics des différentes administrations parisiennes.

Autrement dit, ce dernier ressemblait à un suisse en costume d'apparat.

La chaise pénétra dans l'hôtel, dont les portes furent aussitôt fermées au nez de plusieurs curieux.

L'homme aux habits de cérémonie s'approcha très respectueusement de la portière, et d'une voix un peu chevrotante, il entama une harangue en langue portugaise.

— Qui êtes-vous? répondit de l'intérieur une voix brusque en portugais également, seulement cette voix parlait un excellent portugais.

— Le chancelier, indigne de l'ambassade, Excellence.

— Fort bien. Comme vous parlez mal

notre langue, mon cher chancelier, voyons où descend-on?

— Par ici, Monseigneur, par ici.

— Triste réception, dit le seigneur don Manoël, qui faisait le gros dos en s'appuyant sur son valet de chambre et sur son secrétaire.

— Votre Excellence daignera me pardonner, dit le chancelier dans son mauvais langage; ce n'est qu'à deux heures aujourd'hui qu'est descendu à l'ambassade le courrier de Son Excellence pour annoncer votre arrivée. J'étais absent, Monseigneur, absent pour les affaires de la légation. Aussitôt à mon retour j'ai trouvé la lettre de Votre Excellence. Je n'ai eu que le temps de faire ouvrir les appartements; on les éclaire.

— Bon, bon.

— Ah! ce m'est une vive joie de voir l'illustre personne de notre nouvel ambassadeur.

— Chut! ne divulguons rien jusqu'à ce que des ordres nouveaux soient venus de Lisbonne. Veuillez seulement, Monsieur, me faire conduire à ma chambre à coucher, je tombe de fatigue. Vous vous entendrez avec mon secrétaire, il vous transmettra mes ordres.

Le chancelier s'inclina respectueusement devant Beausire, qui rendit un salut affectueux et dit d'un air courtoisement ironique :

— Parlez français, cher monsieur, cela vous mettra plus à l'aise et moi aussi.

— Oui, oui, murmura le chancelier, je serai plus à l'aise, car je vous avouerai, Monsieur le secrétaire, que ma prononciation...

— Je le vois bien, répliqua Beausire avec aplomb.

— Je profiterai de cette occasion, monsieur le secrétaire, puisque je trouve en vous un homme si aimable, se hâta de dire le chancelier avec effusion, je profiterai, dis-je, de l'occasion, pour vous demander si vous croyez que M. de Souza ne m'en voudra pas d'écorcher ainsi le portugais.

— Pas du tout, pas du tout, si vous parlez le français purement.

— Moi! dit le chancelier joyeusement; moi! un Parisien de la rue Saint-Honoré!

— Eh bien! c'est à ravir, dit Beausire. Comment vous nomme-t-on? Ducorneau, je crois?

— Ducorneau, oui, monsieur le secrétaire ; nom assez heureux ; car il a une terminaison espagnole, si l'on veut. Monsieur le secrétaire savait mon nom ; c'est bien flatteur pour moi.

— Oui, vous êtes bien noté là-bas ; si bien noté, que cette bonne réputation nous a empêché d'amener un chancelier de Lisbonne.

— Oh ! que de reconnaissance, monsieur le secrétaire, et quelle heureuse chance pour moi que la nomination de M. de Souza.

— Mais M. l'ambassadeur sonne, je crois.

— Courons.

On courut en effet. M. l'ambassadeur, grâce au zèle de son valet de chambre, venait de se déshabiller. Il avait revêtu une magnifique robe de chambre. Un barbier, appelé à la hâte, l'accommodait. Quelques boîtes et nécessaires de voyage, assez riches en apparence, garnissaient les tables et les consoles.

Un grand feu flambait dans la cheminée.

— Entrez, entrez, monsieur le chancelier, dit l'ambassadeur qui venait de s'ensevelir dans un immense fauteuil à coussins, tout en travers du feu.

— Monsieur l'ambassadeur se fâchera-t-il si je lui réponds en français? dit le chancelier tout bas à Beausire.

— Non, non, allez toujours.

Ducorneau fit son compliment en français.

— Eh! mais, c'est fort commode; vous parlez admirablement le français, monsieur du Corno.

— Il me prend pour un Portugais pensa le chancelier ivre de joie.

Et il serra la main de Beausire.

— Çà! dit Manoël, pourra-t-on souper?

— Certes, oui, Votre Excellence. Oui, le Palais-Royal est à deux pas d'ici, et je connais un traiteur excellent qui apportera un bon souper pour Votre Excellence.

— Comme si c'était pour vous, monsieur du Corno ?

— Oui, Monseigneur... Et moi, si Son Excellence le permettait, je prendrais la permission d'offrir quelques bouteilles d'un vin du pays, comme Votre Excellence n'en aura trouvé qu'à Porto même.

— Eh! notre chancelier a donc bonne cave? dit Beausire gaillardement.

— C'est mon seul luxe, répliqua humblement le brave homme, dont pour la première fois, aux bougies, Beausire et don Manoël purent remarquer les yeux vifs, les grosses joues rondes et le nez fleuri.

— Faites comme il vous plaira, monsieur du Corno, dit l'ambassadeur; apportez-nous de votre vin et venez souper avec nous.

— Un pareil honneur...

— Sans étiquette, aujourd'hui je suis encore un voyageur, je ne serai l'ambassadeur que demain. Et puis nous parlerons affaires.

— Oh ! mais, Monseigneur permettra que je donne un coup-d'œil à ma toilette.

— Vous êtes superbe, dit Beausire.

— Toilette de réception, non de gala, dit Ducorneau.

— Demeurez comme vous êtes, monsieur le chancelier, et donnez à nos préparatifs le temps que vous donneriez à prendre l'habit de gala.

Ducorneau ravi, quitta l'ambassadeur et se mit à courir pour gagner dix minutes à l'appétit de Son Excellence.

Pendant ce temps, les trois coquins,

enfermés dans la chambre à coucher, passaient en revue le mobilier et les actes de leur nouveau pouvoir.

— Couche-t-il à l'hôtel, ce chancelier? dit don Manoël.

— Non pas : le drôle a une bonne cave et doit avoir quelque part une jolie femme ou une grisette. C'est un vieux garçon.

— Le suisse?

— Il faudra bien s'en débarrasser.

— Je m'en charge.

— Les autres valets de l'hôtel?

— Valets de louage que nos associés remplaceront demain.

— Que dit la cuisine? que dit l'office?

— Morts! morts! L'ancien ambassadeur ne paraissait jamais à l'hôtel. Il avait sa maison en ville.

— Que dit la caisse?

— Pour la caisse, il faut consulter le chancelier : c'est délicat.

— Je m'en charge, dit Beausire : nous sommes déjà les meilleurs amis du monde.

— Chut! le voici.

En effet, Ducorneau revenait essoufflé. Il avait prévenu le traiteur de la rue des Bons-Enfants, pris dans son cabinet six bouteilles d'une mine respectable, et sa figure réjouie annonçait toutes les bonnes dispositions que ces soleils, la nature et la diplomatie, savent combiner pour dorer ce que les cyniques appellent la façade humaine.

— Votre Excellence, dit-il, ne descendra pas dans la salle à manger?

— Non pas, non pas, nous mangerons dans la chambre, entre nous, près du feu.

—Monseigneur me ravit de joie. Voici le vin.

— Des topazes! dit Beausire en élevant un des flacons à la hauteur d'une bougie.

— Asseyez-vous, monsieur le chancelier, pendant que mon valet de chambre dressera le couvert.

Ducorneau s'assit.

—Quel jour sont arrivées les dernières dépêches? dit l'ambassadeur.

— La veille du départ de votre... du prédécesseur de Votre Excellence.

— Bien. La légation est en bon état?

— Oh! oui, Monseigneur.

— Pas de mauvaises affaires d'argent?

— Pas que je sache.

— Pas de dettes... Oh! dites... S'il y en avait, nous commencerions par payer. Mon prédécesseur est un galant gentilhomme pour qui je me porte garant solidaire.

— Dieu merci, Monseigneur n'en aura pas besoin; les crédits ont été ordonnancés il y a trois semaines, et le lendemain même du départ de l'ex-ambassadeur, cent mille livres arrivaient ici.

— Cent mille livres! s'écrièrent à la foi Beausire et don Manoël, effarés de joie.

— En or, dit le chancelier.

— En or, répétèrent l'ambassadeur, le secrétaire, et jusqu'au valet de chambre.

— De sorte, dit Beausire, en avalant son émotion, que la caisse renferme.....

— Cent mille trois cent vingt-huit livres, monsieur le secrétaire.

— C'est peu, dit froidement don Manoël; mais Sa Majesté heureusement a mis des fonds à notre disposition. Je vous l'avais bien dit, mon cher, ajouta-t-il en s'adressant à Beausire, que nous manquerions à Paris.

— Hormis ce point que Votre Excellence avait pris ses précautions, répliqua respectueusement Beausire.

A partir de cette communication importante du chancelier, l'hilarité de l'ambassade ne fit que s'accroître.

Un bon souper composé d'un saumon, d'écrevisses énormes, de viandes noires et de crèmes n'augmenta pas médiocrement cette verve des seigneurs portugais.

Ducorneau mis à l'aise mangea comme dix grands d'Espagne, et montra à ses supérieurs comme quoi un Parisien de la rue Saint-Honoré traitait les vins de Porto et de Xérès en vins de Brie et de Tonnerre.

M. Ducorneau bénissait encore le ciel de lui avoir envoyé un ambassadeur qui préférait la langue française à la langue portugaise, et les vins portugais aux vins de France ; il nageait dans cette délicieuse béatitude que fait au cerveau l'estomac satisfait et reconnaissant, lorsque M. de Souza l'interpellant, lui demanda de s'aller coucher.

Ducorneau se leva, et dans une révérence épineuse qui accrocha autant de meubles qu'une branche d'églantier accroche de feuilles dans un taillis, le chancelier gagna la porte et la rue.

Beausire et don Manoël n'avaient pas assez fêté le vin de l'ambassade pour succomber sur-le-champ au sommeil.

D'ailleurs, il fallait que le valet de chambre soupât à son tour après ses maîtres, opération que le *commandeur* accomplit minutieusement, d'après les précédents tracés par M. l'ambassadeur et son secrétaire.

Tout le plan du lendemain se trouva dressé. Les trois associés poussèrent une reconnaissance dans l'hôtel, après s'être assurés que le Suisse dormait.

FIN DU QUATRIÈME VOLUME.

TABLE.

Chap. I. Monsieur Beausire. 1

II. L'Or. 21

III. La petite maison 47

IV. Quelques mots sur l'Opéra. 105

V. Le bal de l'Opéra. 117

VI. Sapho 203

VII. L'Académie de M. de Beausire. . . . 225

VIII. L'Ambassadeur. 261

En vente :

LE MARI CONFIDENT,
Par Mme SOPHIE GAY.
2 volumes in-8.
Cet Ouvrage n'a pas paru dans les Journaux.

LES AMOURS D'UN FOU,
Par XAVIER DE MONTÉPIN.
4 volumes in-8.

LORD ALGERNON,
Par le Marquis DE FOUDRAS.
4 volumes in-8.

PIVOINE.
Par XAVIER DE MONTÉPIN.
2 volumes in-8.

UN AMI DIABOLIQUE,
Par A. DE GONDRECOURT.
3 volumes in-8.

LES VIVEURS D'AUTREFOIS,
Par le Marquis de FOUDRAS et X. de MONTÉPIN.
4 volumes in-8.

LE DOCTEUR SERVANS,
Par ALEXANDRE DUMAS Fils.
2 volumes in-8.

LE ROMAN D'UNE FEMME,
Par le Même. — 4 volumes in-8.

Les Chevaliers du Lansquenet,
Par le Marquis de FOUDRAS et X. de MONTÉPIN.
10 volumes in-8.

LES GENTILSHOMMES CHASSEURS,
Par le Marquis DE FOUDRAS.
2 volumes in-8.

LES SEPT PÉCHÉS CAPITAUX,
LA LUXURE et LA PARESSE,
Par EUGÈNE SUE.
4 volumes in-8.

Impr. de E. Dépée, à Sceaux (Seine).

www.ingramcontent.com/pod-product-compliance
Lightning Source LLC
Chambersburg PA
CBHW071526160426
43196CB00010B/1675